從前從前
有一隻很忙的章魚
她常常會想：
自己為什麼總是沒時間
做想做的事情呢？
但除了她以外的每個人都看得出來
是因為她都把時間拿來發送愛給別人
某天
她決定把一些時間還給自己
並且開始他的第一個夢想：
寫書！！！
於是……
就造就了你正在看的這本書！

希望有著8隻手的章魚媽咪
退休之後可以有更多的me time——黃昭菱

章魚法官
來說法2
張瑜鳳 著

# 童話法官來說法

法律原來可以這麼容易懂！
法官媽媽+律師爸爸給孩子的33堂實用法學素養課

## 引人入勝之傳法布道

「法律」是社會生活的規範，讓人們在法的規範下權利義務分明而能有秩序地和諧安樂生活。人們在日常生活中與其他人接觸時，會發生各種不同的法律關係而須受法的規範。因此，「知法」、「守法」在人們日常生活中是重要的常識。但法律給一般人的印象，卻是一堆冰冷的法典及無數枯燥密麻的法條，讓人乏味，不想去瞭解，也不願去探究其中蘊含之道理。然而一位職業法官又是兩個學童年齡孩子之母親，別出心裁，藉由孩子成長過程及校園日常生活中所見、所聞之事物，當成故事來敘述，並從與孩子們之對話中，講其中可能發生之法律問題並深入淺出說明法律的規定及其道理，讓讀者沉浸在其幽默風趣文筆下之故事中看到親子互動之親情教養而常能會心一笑外，又額外輕鬆地增加法律常識。此種潛移默化之「傳法布道」，別具風格，令人讚賞，故特別推薦，值得一讀。

——廖義男／臺灣大學法律學院兼任教授．前司法院大法官

張瑜鳳法官的文字，是我所看過最親民的風格。讀她的文字時，常常使我有身歷其境的感覺。法律文字常常使我感到畏懼，就像我走進法院那樣，不免產生某種森嚴而冰涼的感覺。閱讀瑜鳳的報紙專欄，卻覺得好溫暖。日常生活從來都是非常瑣碎，她卻能夠以簡馭繁，引人入勝。她帶著我去看見人間的糾紛與對峙，塵世俗事是如此讓人不堪其擾，她都能夠傾聽雙方的陳訴，而且做出判斷。章魚的明朗個性與瞬間智慧，都讓我開了眼界與心房。

——陳芳明／政治大學臺文所講座教授

推薦序

# 輕盈遊走法律桃花源

法律人的專長是充滿理性的說理，藉由邏輯推理與演繹，讓事理清晰，以便判斷案件的對錯。然而，法律人自習法以來，逐漸被教育成，以一般人認為艱澀難解的語言，作為陳述事實與論證的工具。於是，法律人便從此與非法律人產生距離，而且愈來愈遠。雙方的溝通，成為難以跨越的鴻溝。

多少年來，司法界討論著，如何以白話文的方式呈現法律文字，至今尚未成功。原因在於，太多的法律專業術語，一般人無法理解，因此通篇的法律說理，成為比古文還古文的特殊文體，令人難解。

然而，法律終究是規範一般人社會生活的制度，不應該與一般人民距離過於遙遠。法律人應該以一般人可以輕易理解的語言，與大眾溝通，才能期待大眾理解法律，並尊重法律。

章魚法官是我在大學時代的學妹，聰明精靈，有如金庸筆下的黃蓉，富有正義感，且充滿感性的氣質。不僅口才便給，且文筆流暢，思想豐富，在擔任法官之餘，心懷傳播法律於社會的大志，希望藉由寫作，從事「普法」工作，讓眾生修法、得法，於簡易的文字中，一解法的奧義。如此弘法，別開生面，具有新意，甚幸！

通觀本書內容，以家中故事開啟法律的對話。家庭中的日常生活、社會上熱烈討論的事件，在父母子女的對話之間，似有若無，法律話題早已呈現為文章的主題。其後，又於相互對話之中，不著痕跡地，法律問題一一獲得解答，不費吹噓之力，讓讀者於享受故事的情節中，理解艱深擾人的法律規定。本書的故事總是引人入勝，讓讀者想要一探究竟。不知不覺間，猶如走進桃花源，發現新的境地，竟是法律的奧妙之處。此乃本書作者蓄意的鋪陳，使讀者無須負荷沉重的法律文字，輕盈地走過「聽經說法」的旅程。

閱讀本書，讀者除了可以品嚐故事的魅力，書中還有「法官內心話」及「法律Q&A」的實務解析，讓本書另外具有說理性與實用性。「法官內心話」除了引導思辨，還對於大學入學公民考試題目做進一步討論，而「法律Q&A」則為具體法律問題的解答，對於民眾經常面對的法律疑義，提供淺顯易懂的說明，及深入思考的引序。相信讀者於閱讀之後，可以豁然開朗，解開迷團。

我認識章魚法官三十餘年，她的先生黃律師是我們班上最優秀的同學，也是本班最成功的律師。多年來，經常受到他們熱情的接待，共同懷念青春歲月，總在酒酣耳熱之際。如今章魚法官出版大著，不免又是酒酣耳熱一番，但此次不僅共同懷念青春歲月而已，而是書寫本文，是為序，第一次對多年的款待，做出了實質的貢獻，甚幸！

陳聰富　敬書
臺灣大學法律學院院長
二〇二一年一月二日

# 拙荊乃法官也

黃福雄（爸爸）

拙荊乃非典型法官，另類作家，以理性之思維著感性之趣文，以現實之經驗而逐步實現懷中之理想，歷經數十寒載的相伴相知與相持，身為「拙荊法官」頭號粉絲的我，仍時不時訝異於她源源不絕的熱情與活力！實則，吾家庭長之道無他，感性與理性兼具，理想和現實相容，始終如一，未改其志，誠所謂女子有才更是德也！

於校園初識她，即知此女子腦袋瓜裝滿浪漫夢想，與法律人慣見的嚴謹莊重，形成強烈的對比。偶爾在圖書館內見她安靜閱讀，轉身又在桌球場上廝殺；暑假逕往尖石鄉山裡去，幫忙原住民賣水蜜桃高麗菜；週六下午的法律服務社，她支著頭傾聽前來詢問求助的當事人，轉過身就問我：「學長你覺得這個請求權基礎是什麼？」足見對法律專業的認真與執著，動如跳兔靜如處子，一至於此。

我服役期間在空軍總部擔任法律顧問，偶爾回法學院，竟然也被拗去她的讀書會指導，為學弟妹略盡芻蕘。她的那些同學，後來跟我稱兄道弟，恐怕也是她居心叵測的安排，我竟然不自知，一頭陷入。洞房花燭夜，我跟這些兄弟們一起爛醉如泥，他們開心班上最難嫁的女同學終於有了歸宿，我則是贏得美嬌娘，自願無期徒刑，終身受法官指揮，此益徵她理性與感性之相互為用也！

拙荊擔任法官之初，總是興致勃勃地跟我談論起法庭上的大發現，感嘆她昔日讀的法學經典，原來具體落實在每一個案件中，竟有這麼多值得探究的意義。無奈我終日奔波，往往是以鼾聲回應她的喋喋不休。然而我也常常在深夜裡被她的夢話吵醒，有時候是一連串英文（當時她正審理一個跨國契約案），有時候是一句：「查不出來了，送鑑定！」（應該是在審醫療糾紛案件吧）。

吾為稻粱謀，終日營營輾轉四方，獨立的她永遠不會抱怨，總是笑嘻嘻地說：「你出國時我最自由。」有一次她送我去機場，我回頭看她挺著肚子，牽著一歲半的兒子，一起向我揮手，當下覺得她的「自由」乃是以幽默化解吾之掛心，給另一半無牽絆的自由，更徵其以理性平衡感性之智慧與圓融也！

孩子教養事，吾家分層負責、授權明確，以妻意為最高指導原則，此為吾頗堪自豪之卓見。拙荊的絕活就是，比孩子活得更像孩子。

學校任何活動，她從不缺席。晨光媽媽講故事，運動會大隊接力，園遊會幫忙叫賣，在我搞不清楚孩子是幾年幾班的時候，她已經擔任家長會長了。清晨在校門口指揮交通，突襲檢查營養午餐的廚房，跟孩子一起露營圍著營火跳舞。我只在孩子的入學以及畢業典禮出現，每個人都對我舉起大拇指：「教育成功！孩子優秀！」我也理所當然地接受讚美，語云有其父必有其子，反之亦然是也！

轉眼間，拙荊進入公門已經二十五年，仍舊案牘勞形，依然身兼多職，熱情與活力未稍遜於前，然憂容時見，幾次徹夜長談，為夫者深知，我最適合的角色，就是她羽翼下的風。

她對公平正義的信仰和熱情，絲毫不減，但是，她已經不想再單純擔任審判者的角色。個案正義的實現顯無法抑制無有以時的紛爭，根本解決之道，在法律知識的普及，即所謂預防於未然也。她想從基礎做起，以教育的角度切入，讓每一個國民都能瞭解法治的內涵，而不是硬梆梆地叫大家去背誦法條。她希望讓所有人能夠理解法治的真相，而不是敷衍隨性的批評，或是漠不關心地嘲諷。故對她充滿智慧和遠見的決定，吾義無反顧的支持！

家庭是教育的最重要現場，身為父母，我們不僅是掌舵者、引航員，在與孩子們一起尋找目的地的過程中，感受到的驚險與欣喜，汗水與淚滴，成就了每一個家庭獨特的故事。而我，真的很感謝我們家裡這位導演、掌杓者、孩子的媽。雖然大部分我都在跑龍套，我還是盡責地擔任為夫為父的角色，不曾缺席，特別是頭號粉絲的角色，更不待言。

理性與感性兼具，理想和現實並存，非典法律人而追尋另一典型的建構，計其義而不計其利，知她者非我莫屬，嚮應她者，捨我其誰！深信她優雅轉身後，更加自在，不悔此生。

# 我的媽媽是法官

黃昭勛（哥哥）

爸爸是律師，媽媽是法官，從我懂事以來，最常聽到的問話就是：「那你以後要當法官還是律師啊？」、「難怪你鬼話連篇，是不是跟爸爸律師學的？」、「在家裡是不是常常被審判？」同學也會問我：「媽媽在家是不是用法槌敲你的頭？」、「爸爸罵你時，你有沒有緘默權？」

我的老媽是法官，我去過她卷宗如山的辦公室寫作業，我也在旁聽席看過她開庭的樣子，從報紙上知道她辦過的大案，也曾經聽到她躲在浴室偷哭，面對卷宗時皺眉嘆氣……我不知道其他人的媽媽是怎樣，在我眼中，老媽就是老媽。

她會在我賴床時一把掀開棉被，或者乾脆以泰山壓頂之姿讓我透不過氣；她在我幼稚園畢業時放聲大哭（小學跟國中畢業典禮照哭不誤），又笑著緊緊抱著我。我記得小時候晚上睡覺前總愛聽她講繪本故事，聽完一本又要一本，終於她有一天摔下書本大怒：「我也要有我自己的人生！」我看見她床頭櫃上擺著的是蔡珠兒的《種地書》還有楊牧的《海岸七疊》（我自己一本都沒看過），這也是我現在寫國文科考卷時常見到的名字。

老媽很吵。

她總是要求我要吃飽要睡飽，功課不可以漏寫，指甲不能太長，鋼琴要練，牛奶要記得喝。因為我是哥哥，凡事要讓妹妹，像她的三個哥哥疼她一樣。要效法爸爸，孝順父母，認真工作，老媽的嘮嘮叨叨從未停止。我國中打籃球摔倒被救護車送去醫院，醒來後我看到她紅著眼眶，只有這時候她一點也不吵。

老媽很矛盾。

她鼓勵我多多嘗試，仔細思考。她每天聽我抱怨學校各種不合理的規定，卻都不表示贊同或反對，而是先問我為什麼？哪裡可以修改？修改的目的又是什麼？搞得我快發瘋，又不是立委質詢，為什麼我要準備這麼多回答。但是老媽說，要探究各種立法目的、是否違背本旨？要質疑各種陋習，就要找到初衷……她彷彿要訓練我變成下一個她，但又常常勸我不要去念法律系，尤其是不要當法官（看她每天回家都累到不行，我想她叫我不當法官還是有點道理的）。

老媽很愛哭。

電視上如果播出什麼獨居老人過世、流浪動物沒人餵、兒童受虐、森林大火、傷心電影情節，我跟妹妹就得趕快準備衛生紙，因為老媽總是說哭就哭。她跟老爸偶爾「討論事情」比較激烈的時候，老媽會轉身跑到陽臺看花草，我也得假裝剛好去陽臺送毛巾給她。阿公回天上，阿嬤當神仙，老媽的眼淚從未間斷過。她看著他們的照片，又馬上緊緊抱著我跟妹妹，又哭又笑。

老媽很愛作夢。

電視上介紹美食，老媽說她也要學，但隔天睡起來就忘得一乾二淨。人家在山裡種花種樹，她說以前在山地青年服務團也幫忙過，不如再去找一塊地保護森林。看到她的好友作家出書，她嚷嚷說要辭職到山裡專心寫作。她的同學完成馬拉松，她就說要減肥、開始練跑步，卻很難堅持超過一個禮拜，沒過多久就故態復萌，繼續大吃大喝。看到好的法律影集，就開始蒐集資料想寫劇本，雖然目前尚未有任何進展，但我想她未來會完成劇本的（也許吧）。公益團體在偏鄉做事，她就認真研究如何將法律教給孩子們懂，並且昭告全家：這是她後半輩子要完成的事。

老媽常常加班，回家時都用登機箱裝滿卷宗，在我們倒頭大睡之後到書房繼續奮鬥。我翻開相簿，看到以前阿公阿嬤在的時候，她開車載我們上山下海，偶爾有她出現的照片，披頭散髮，左手抓奶瓶右手拉袋子，總是很開心的樣子。十幾年過去，老媽開始定期去染髮，嗓門也沒有以前大，攤在沙發上看小說時也會打盹。阿公阿嬤接連離開我們，我看到她從未展現過的悲傷，但她依舊每天早起送我們上學，然後工作到深夜才回家，面對他人依舊笑容滿面，充滿活力。我跟妹妹開始懂得幫她提購物袋，自己設鬧鐘起床，換下的衣服要放入洗衣籃，收拾客廳，（幫爸爸）倒垃圾。雖然很不喜歡做家事，不過為了下禮拜的零用錢，我跟妹妹還是認命的一項項做完。

老媽開始寫文章，我跟妹妹常常提供材料，都是學校發生的事，我們不怕她知道我們的糗事，因為她總是興味盎然地聽我們說，笑得比我們大聲。「這一段我要寫進文章裡！」這是她這兩年常常講的話。爸爸若是有點意見，她就會威脅：「我會寫進文章裡～」。講好稿費要分我們，她卻是早就捐給慈善團體。（不守約定的法官怎麼能讓人信服呢？）她說以後要當大體老師，骨灰要樹葬，這樣子我跟妹妹去樹下野餐，她還可以陪在我們身旁（我問她樹垮了怎麼辦？她說那就是大自然的演變，順其自然就好，讓我跟妹妹都聽得一頭霧水）。

老媽說她花了很多時間找到自我，她希望我們認真地思考，確實的學習，讓自己有選擇的自由，更要確定自己的志向。

「無論你們要做什麼，記得，做的事情要對世界有所幫助。」老媽常常這麼說。對我而言，老媽永遠就是老媽。

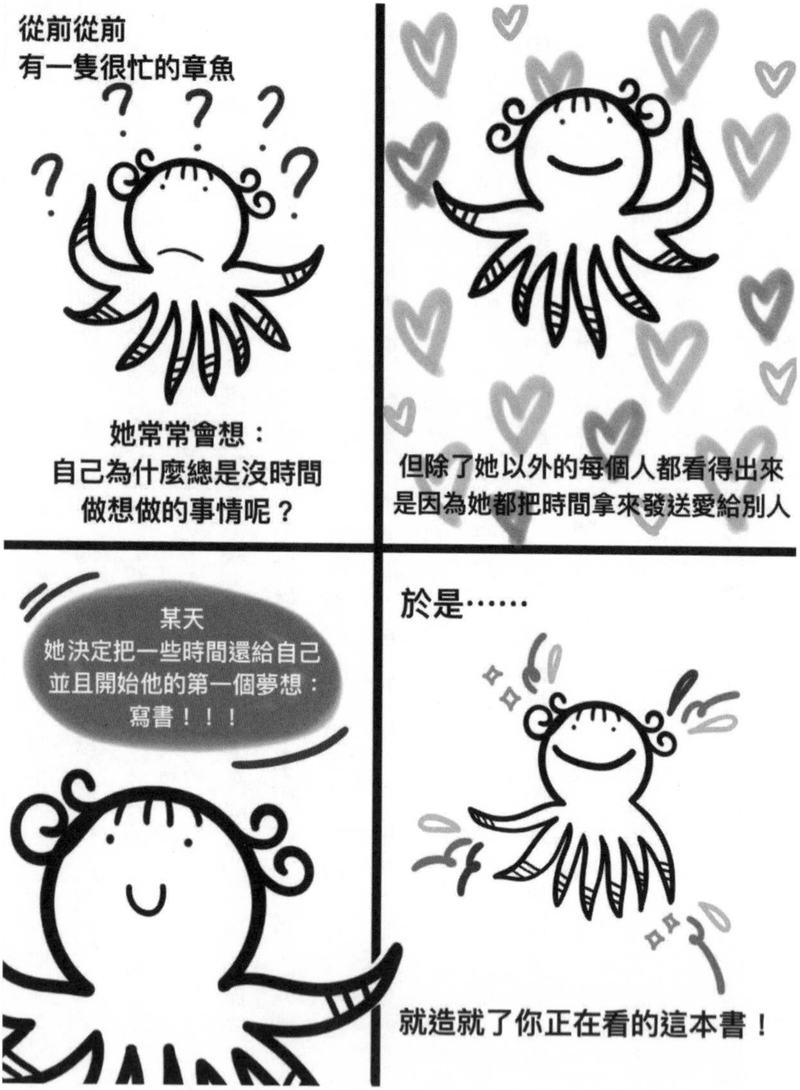
從前從前
有一隻很忙的章魚
她常常會想：
自己為什麼總是沒時間
做想做的事情呢？
但除了她以外的每個人都看得出來
是因為她都把時間拿來發送愛給別人
某天
她決定把一些時間還給自己
並且開始他的第一個夢想：
寫書！！！
於是……
就造就了你正在看的這本書！

希望有著 8 隻手的章魚媽咪

退休之後可以有更多的 me time—— 黃昭菱

自序
# 那些被刪除的字

坐在法檯上的法官，能夠寫出讓當事人溫暖感動的文字嗎？

（輸掉的一方，看到判決，怎麼可能感動？）

判決書的內容，都是一則則的謊言嗎？

（「我的每則判決都是謊言」。Albie Sachs 南非前大法官奧比．薩克思說。）

擔任法官超過二十年，每天踏入辦公室前，心中還是有些微的不安，因為辦公桌上會擺著什麼案子？不知道。

沒錯，我們承辦的案件是電腦選的。

源源不絕的案件進入法院大門後，按序編號、排列，依照輪次，用電腦程式分案。就像是樂透轉輪一般，每天開獎，案件會分到哪一位法官手上？誰也無法預測。

這樣的透明公開分案方式，是避免外界聯想有幕後黑手操縱。對於法官而言，或許更可以平息我們心中不可對外人言的怨念：「為什麼其他法官總是收到被告認諾自白承認有罪的案件？我卻收到卷宗堆滿一卡車的重大矚目案件……」

三百六十五天，我們日日面對著各式各樣的法律案件。法庭上，每一個案件都是一則故事。離婚案件的夫妻何以積怨甚深？詐騙集團的車手為何願意下海？兄弟爭產難道只是為了爭一口氣？殺人犯的童年是否太過悲慘以致於他的人生失控？……

有誰像法官一樣，距離案件如此的近？但又有誰能像法官一樣，擁有決斷生死是非的筆？

當我們介入這些故事的那一刻，事實、法律、理性、裁量、衡酌，種種左右為難的思緒輪番出現，雖然國家賦予法官判定合法非法、決定誰贏誰輸的權力，但總不免會質疑自己，是否真能如正義女神一般，蒙住雙眼，撇開偏見誤解、力抗干擾與雜音？劃下那一條正義的界線後，真的可以定紛止爭？公平合理是我們說了算？

撰寫過程中的混亂矛盾心靈狀態，宣判前心中還是有吶喊：非判不可嗎？非判不可。判決書裡的情緒起伏，都壓抑在看似平靜且斬釘截鐵的論述中。

我也曾想要不受拘束地，像畫家、小說家一樣，用抽象、用具體、用自己的方式與世界對話，即使是沒人瞭解也罷。

但我們的一字一句，影響的可是人家的一輩子。

這就是白髮增生的原因，但，我非寫不可嗎？

因緣際會，兩年多前，同樣身兼母職的昭儀（我愛你學田市集負責人）推我入坑，要我回答她提出有關校園的法治問題，並且發表在聯合報家庭版副刊上。身為兩個孩子的媽媽，牽著他們的手走進校園，學校這個小宇宙，每天總有新鮮事發生，與孩子對談、參與他們的各個關鍵時刻，我發覺，校園真是一個人性的試驗所，有溫情、有衝突、有矛盾、有折衷，我與孩子們一路驚險地走過這成長路途，感觸頗多。「從校園看社會國家，從孩子眼中看到未來。法治教育，從來就不是教育部的責任而已。」我在文章末端這樣寫著。

聯合報家庭版編輯姵穎慧眼獨具，邀請我每個月寫一篇專欄。寫著寫著，把自己的家庭成員一個一個賣掉，哥哥的糗事、妹妹的童言童語，當然還有對老公的各種怨言……以下刪除……個字，據說是讀者敲碗最想要看到的部分。

被刪除的字啊！其實，我有非常非常多的內心話，不想刪除。對於孩子的深深期許，以及愧疚抱歉的話：「媽媽總是在加班，對不起。」、「媽媽脾氣急，總是趕趕趕，抱歉。」、「媽媽也想多講一個繪本故事給你們聽，可是眼皮卻不自主地沉重下來。」、「兒童節、中秋節、萬聖節……媽媽也想要一起跟你們玩，可是要開庭要寫判決。」這是所有職業婦女的原罪嗎？法官不能判自己的罪，女法官卻是天天被孩子宣判不及格。

再說到夫妻之間，我跟孩子的爸爸算是師出同門，一是法官一是律師，工作角色雖然不同，至少吵架溝通用語精簡直接。總有人好奇我們夫妻倆在家中會不會談法律？其實，當初會被他吸引，就是因為我們一群法律系的學生在龍門水餃店，有位學長居然脫口而出：「ㄟ，今天的月亮很不錯，來幾首月亮的詩詞吧？」月色朦朧，啤酒讓人昏睡，盲目地崇拜情緒渲染下，我有了尋到文青知音的錯覺……然後，就生了兩個小孩（中間刪除的部分很老套，並非直接跳入生孩子階段，未成年讀者請勿誤會）。

雖然對老公的怨言很多，磨合時期產生的火花以及裂縫更不會少。但我也在這樣過程中，看清楚了自己的模樣：任性、情緒化、固執、自以為是、太浪漫不切實際、太體貼讓人喘不過氣、鑽牛角尖到地心底五百公尺去、做白日夢飛到銀河系……這些樣子的我，老公都一律接收。他不體貼，過馬路不會牽我的手；他不浪漫，每年紀念日都送一樣的花；他很古板，我讀新詩他看唐詩宋詞。但是他很負責任，孝順（兩邊的）父母、尊敬（兩邊的）兄姊；他很認真，處理案件毫不草率；他很專一，堅持自己的女兒是最漂亮的，兒子也是跟他一樣帥。當我嚷嚷不想工作要回家做飯，他也是默默接收我的抱怨，最終下個結論：「什麼事可以讓妳快樂，就去做吧！（不要來煩我就好）。」

許多被刪除的字，其實是我心中很大的感謝。我想要自由的飛，其實也更盼望有個家可以讓我回，因為有一條繫住我的線，我才可以在茫茫大海中定錨，優遊自在做自己、浪漫奇想不設限。

當了將近四分之一世紀的法官，有許多無法在判決書裡寫的話，我總是安慰自己：「沒關係，退休之後再來寫小說。」並不是要記錄他人是非，也不是要洩人機密。畢竟每一個人到法庭上，都有不得不經歷的過程，而我能介入的，也就是這麼短暫的期間。法庭上雙方交鋒之際，我遲疑著該不該說的話；無數次失眠的夜，我徘徊在字字句句之間；宣判的那一刻，當事人的人生可會遭逢大轉折？從此的際遇，也已經逸出我的負責範圍。那些不得不刪除的話，更多的是無能為力的遺憾與無奈。

這是一段老掉牙的寓言：走在沙灘上，看到被沖上岸的海星，彎下拾起一個又一個，丟入海水裡。往前看，還有數千個擱淺中，向後瞧，走過的足跡裡又再出現擱淺的海星。

怎麼辦？

在法律的路上，我走的不算長也不算短，望著法學前輩們堅毅的背影，敬佩之餘也想效法，到了人生折返點，我更想要去溯及海流的方向，探討為什麼造成海星擱淺的原因。如果可以，用各種喚醒風的方式，傳達溫柔卻堅定的訊息，提醒那即將迷路的海星。

唯有堅持人性尊嚴的法律，才可以讓正義的真精神深入人心。要有符合人性的制度，才能真正實踐公平的意義。法律若不能貼近真實的社會，也只是冰冷懸掛的碑文而已。在渾沌不安的時代裡，我希望用幽默面對人世，以真心探討理性。

我最大的心願就是，開著車子，走遍全臺灣鄉鎮，用最淺顯的文字，老小都可以懂的語言，講述各種法治的真意，真心誠意地講出心中的話，不再刪除，希望大家不要誤解法律，不再以恐龍看待法律人，每個人都懂得保護自己的法律，也更尊重他人。

這是我最浪漫的夢，自己何其幸運安穩度過前半生，接下來更要以善意回饋給這個社會，這也是我的父母教我的事。

幸運的我，正踏出第一步。

感謝麥田出版社編輯秀梅熱情規劃，聯合報家庭副刊給予我最寬容的園地，感謝寫作路上相伴並給我鼓勵的好友：珠兒、芳明老師、文茜姊姊、文義大哥、宇文正、悔之兄、性傑、國能、進文、婉瑜……以及被我引用的故事主角，如有雷同，純屬巧合，歡迎對號入座，請來領取稿費。

# 目次

## 輯二：認識法院

**法官內心話** 


**法律Q&A** 

## 輯三：公平、自由與真假

輯四：我的損害誰來賠償？



法官內心話 219

[輯一]

# 第一堂法律課

# 孝親楷模與選舉

選舉季節到了，街上滿是宣傳旗幟，候選人在宣傳車上揮手致意，政見發表會熱鬧滾滾，孩子們不懂嗎？在國小國中校園裡，可是季季上演選舉的戲碼呢！

早餐時分，兵荒馬亂。哥哥遞給我一張表格：「媽咪，我們要選孝親楷模，妳要寫推薦函嗎？」

孝親楷模？當然要幫你推薦啦！

哥哥是個體貼的孩子，每當爸爸媽媽在討論事情（吵架）的時候，都會帶著妹妹進房間，唸故事給她聽，還把IPAD的音樂放很大聲，以免爸媽的討論缺乏BGM（背景音樂）。

哥哥對表弟表妹最慷慨，總是將玩具分享給他們，那當然是他玩膩的東西。他也會懂得「一起吃食物」的樂趣。所謂「一起」，就是趕快搶走他最愛的部分，其他的就隨便他們選。

哥哥也會幫忙晾衣服、折衣服、倒垃圾、收碗盤，但都是媽媽拿著木棍在旁邊大吼大叫之後才會行動。他也喜歡在洗澡時唱歌，讓浴室外面等候的媽媽心情大好，完全忘記是因為他背錯成語而等著要教訓他。

有哥哥在的家，笑聲不停、屁聲不斷，他給我們歡樂，也找我們麻煩。真是孝親楷模之典範，謹此推薦。

結果怎麼樣？

「老師唸推薦信的時候，自己也在笑，全班都在大笑，有同學還說，這根本就是在幫倒忙！」哥哥無奈的說。

表決結果呢？

「我當然最高票當選啦！」哥哥回答。

所以，選舉制度一定是最公平的嗎？投票選出的模範生或是小市長，大家是依據什麼原因投給他呢？為什麼你們可以自己投票決定校慶的園遊會活動、畢業典禮的歌曲，但是不能投票決定上下學時間、不能投票決定學費不要繳、不能投票決定下課時間延長為三十分鐘？

孩子們的思索方向，呈現了他們面對未來的模式。

我自己擔任了二十多年的法官，常在學校教學演講，深覺法治教育需從小扎根，所謂「法治教育」，不是刻板地讓孩子去背憲法五權分立是哪五權、行政法的基本原理原則有哪幾項、酒後駕車很可惡要關幾年、違規停車又要罰款多少（請問人腦怎麼跟電腦的記憶體相比？）。當我們幾乎都知道「飯前洗手、飯後漱口」、「感冒要多喝水」、「右下腹疼痛可能是盲腸炎」這些基本的衛生醫療常識，但是對於「法院傳票」長什麼樣子、車禍案件可以聲請鄉鎮市調解委員會調解，這些攸關我們每天生活的重要法律程序，卻茫然不知？檢察官起訴書與法官判決書有什麼不一樣呢？有人表示「保留法律追訴權」，但翻遍六法全書卻偏偏找不到這個詞，又是怎麼回事？

新聞媒體常有大篇幅的「醫療新知」：醫生深入淺出講解、病人親身經驗感觸、衛教交流、健康講座，隨時隨地給予國民正確且多樣化的健康常識。但是講到法院判決或者社會爭議事件，卻沒有一個比較正常專業的版面來好好說明：車禍事件的和解書應該如何寫？牆壁漏水該如何跟鄰居有效率地解決？公寓大廈管理委員會如何運作？都市更新、環保爭議，這些問題難道都是異議人士胡搞瞎搞？政府機關積極宣傳臺灣，佳景美食人情味，樣樣都是最美的風景，卻沒有餘力用最淺顯的方式，讓生活在這塊土地上的公民，懂得如何保障權益，避免被詐騙集團搞得團團轉？從小學習的公民課、社會課，書本上的資料，到底有沒有真的讓我們落實瞭解法治的重要性、法制的真面目？

恐龍媽媽要律師爸爸，想辦法購得萬芳演唱會的票，小巨蛋裡，熟悉的旋律響起，不分老少（咦我屬於哪一邊？）不加思索的，每個人都開口：「……回憶過去，痛苦的相思忘不了……」無論是否有經歷過痛苦相思的人，對於這首歌曲卻都是琅琅上口。

我聽著聽眾席裡整齊劃一的優美歌聲，不禁遐想，如果那些重要的法治觀念例如「無罪推定原則」、「羈押不等於判刑」、「違法證據的毒樹果實原則」、「交通罰單的救濟程序」……這些切身的議題或保障人權的守則，能夠成為所有公民心中反射性的回應，就算沒犯過罪，也知道刑事訴訟程序的合理進展，而不是看著嫌疑人交保就破口大罵（想想媽媽嘴案件的老闆）。就算沒上過法庭，也知道檢察官、律師與法官的角色與功能，不要總是從好萊塢電影或韓劇看到法庭的樣子（我總是被問：妳開庭要帶羔羊毛捲捲假髮嗎？）。如果這些非常基本卻又繫乎社會國家安定的法治原則，能像這些歌謠一樣，深入人心，習以為常，普遍獲得公民的信賴與支持，有同樣的感動與共鳴，我們美麗的國家，值得驕傲宣揚的，一定不只是米其林星星有幾顆啊！

聽完萬芳的安可曲，老夫老妻一起漫步回家，「ㄟ你最喜歡的情歌是哪一首？」我不禁問起爸爸。

「我能想到最浪漫的事，就是和你一起慢慢變老，一路上收藏點點滴滴的歡笑，留到以後坐著搖椅慢慢聊～」爸爸輕哼著，手機響起：「媽媽你們什麼時候要回家啦？我跟哥哥等著你們帶點心回來呢！」妹妹大喊。好啦！媽咪心中最浪漫的事，就是全家一起吃碗熱呼呼的湯圓，然後，大家同樣多一歲，一起變老。

## 罵人有價目表嗎？

看著價目表，哥哥猶豫不決。

「哥哥快一點，電影要開演了！」媽咪忍不住催促他。

「好啦！我要算算哪一組套餐比較划算。」哥哥的心算天份一定不是遺傳自媽咪，當初就是因為數學課上的痛苦萬分，媽咪才會選擇這個使用文字來工作的行業。

（但是背法條有比較輕鬆嗎？）

「媽咪，同學傳給我一個價目表，這是真的嗎？」妹妹打開手機螢幕讓我看。

「幹：0元，發語詞。敗類：五千元。王八蛋：一萬元。神經病：三萬元。你去吃屎啦：五萬元。特殊性關係：三十萬元……」上面還註記「本價格已經過法官核准」。

你們得乖乖聽媽咪說。這個價目表，也對，也不對。

法官真的會「依價目表開罰」嗎？是不是以後想要罵人，就拿著這個價目一覽表來決定使用什麼字句呢？

當你們看完一部電影之後，對於裡面的故事情節，起承轉合，以及最後的結局，通常都是心滿意足。因為好人通常有好報，壞人遭天遣，正義得以伸張。

但是，對於他人真實的人生，我們無法全程參與。

所以，到我們法庭面前呈現的，僅僅是其中的一段。如果沒有仔細衡酌前因後果，單以片面的一句話或一個動作就來評價一個人，未免太擅斷。

在檳榔田勞作的老農，鄰居彼此間的問候，常常用「幹」這樣的話來當發語詞，不是嗎？

數十年的老同學見面，歡笑熱烈擁抱之後，一句「當初你這個敗類，現在這麼成功？」然後乾杯一飲而盡，這樣也叫公然侮辱嗎？

男女朋友之間的曖昧：「你這個王八蛋，想幹嘛？」女生嗔笑著然後接過九十九朵紅色玫瑰……

積怨已久的鄰居在住戶大會上互嗆：「你這個王八蛋，想幹嘛？」然後怒目以視……

語言與文字，是用來溝通想法、表達意見的工具。但若用了讓人不舒服，感到被侮辱或被栽贓，影響到人格及名譽，法律似乎就該進來管一管了。

問題是，要「管」到什麼程度呢？

尤其是，即便是上帝也無法讓時間倒流，就算錄影錄音設備便利，往往也無法即時蒐集到事情的全貌。而且每個人對於他人語言評價的感受性不一樣，話語出現的時間、地點，發話者與受話者的關係、呈現方式……都會讓一句簡單的話增添許多「色彩」與「價值」。怎麼可以用一個單純的「價目表」就來標示損害賠償或者罰金的數額呢？

更何況，所謂法律的「管」，有用慰撫金來賠償的「民事責任」，也有具懲罰效果的「刑事責任」。

民事責任，指的是依據被害人的人格、名譽、信用、精神等損失，考量之後酌定賠償金，這些錢是行為人賠給被害人的。（也有判處「回復名譽的適當處分」，例如登報道歉，但現在到底有多少人看實體報紙？所以網路上的刊登也算喔！）

刑事責任，指的是法院會依據被告犯罪動機、目的、手段、產生的損害、犯後態度等等，為科刑之標準，而給予罰金、或者得易科罰金的拘役或有期徒刑。若是判處罰金，這些錢是被告要繳給國家的。

無論民事賠償或刑事責任，都是要依據法律規定以及個案情節來斷定的，不是法官說多少就多少，好像是市場賣菜喊價一樣。網路上流傳的「罵人價目表」，無非是將曾經發生過的案例，挑選出其中的關鍵性一句話而已，並沒有完整的呈現故事的真相。這樣的畫面，頂多是一部電影場景中的三秒鐘，連預告片都談不上，如何能斷定這句話的效果及價值？

這樣的價目表，恐怕已陷入淺碟性思考，激情式的觸動讀者的感官情緒，的確是引起閱聽者的注意，當然這也帶來某些效果，讓大家有機會思索語言的價值，提醒我們更審慎地說出每一句話。但我們不要忘記，法律不外乎人性，失去邏輯、呆板地適用法律，會造成更多的災難與不安。

然而，當我在醫院演講時，醫護人員拿出一張人體透視圖，上面標示各個器官的「價錢」，說是坊間流傳醫療民事判決對於每個器官賠償的價目表。我看了之後，也不禁傻眼，不知從何說起。無奈與遺憾的心情，讓我久久揮之不去……

心神不寧地陪著哥哥妹妹看完電影《超人特攻隊2》（對於片中無所不能的超人爸爸，卻要絞盡腦汁幫孩子複習數學作業的無奈與憤怒，我感同身受！）。不如這樣吧！媽咪來定一個「零用錢扣款價目表」：「賴床：扣十元。忘記帶便當袋：扣十元。過度使用三C產品：扣五十元。鞋子襪子亂丟亂放：扣五十元。棉被忘記折：扣五十元……」

哥哥和妹妹厲聲齊呼：「我不要！」

那還不趕快去整理你們豬窩似的房間？

倒是媽咪的生日到了，先來瀏覽一下網路購物的價目表，想想爸爸該送什麼禮物給我才好呢？

「媽咪，同學說網路購物有很多問題耶……」哥哥又問。

好了好了，下回待續，ＯＫ？

# 說道歉的方式

開學以後的家長日，媽媽奔波在哥哥妹妹的學校，一南一北，分別在白天及夜晚舉行（不要問爸爸呢？爸爸捕魚去了，天黑了還不回家）。

媽咪看到妹妹學校公布欄上貼滿公告，「某某某一週遲到三次，記點一次」、「某某某服儀不符合規定，愛校服務四小時」，還有「國樂社參加全國大賽，榮獲優勝」、「讀書心得寫作比賽入圍者前十名……」。

哇！有沒有妳認識的人呢？

「又不關我的事！」妹妹頭也不回地走開。

為什麼呢？被記警告，難道不會覺得有點丟臉嗎？如果拿冠軍，應該感覺很榮耀啊？

「我一點都不覺得。」妹妹繼續耍酷。「新的公告陸續貼上來，這些都會被蓋過去。我比較在意ＢＴＳ什麼時候要發表新專輯。」

那麼，妳會關注新歌在網路上的點讚數嗎？如果某位偶像歌手因為涉案而退出演藝圈，妳會追蹤瞭解嗎？

「當然會！」妹妹說。

是囉！每個人關心的事物不一樣。像媽媽就會留意百貨公司週年慶開始的時間、第一波優惠商品何時開賣……咳咳，言歸正傳。

學校這些公告，有些是獎勵，有的是懲罰。好事希望傳千里，壞事則最好不出校門。問題是，現在網路世界無遠弗屆，好的壞的，往往都在你無法控制的情況下輾轉流傳。網路世界不像公布欄，撕下紙本就不流痕跡、貼上新的就掩蓋舊的，一定要謹慎處理啊！

母女倆一起回到家，大樓警衛室旁的公告欄張貼許多資料，趁等電梯時又看了一遍。

「媽媽妳真是職業病，看到紙張就湊向前。」哥哥也剛好回來。

沒辦法啊！年底了，得知道住戶大會哪一天召開，里長伯說不定又有舉辦什麼免費健康檢查活動，明年投票選舉場所也要知道在哪兒……這些重要的訊息，切身相關，不能忽視啊！

「我們學校的黑特靠北網站，每天總是有一堆發言，超級精彩的。」哥哥興奮地說。

別以為在網路就可以肆無忌憚的發表言論，常常有很多紛爭是從那兒開始的。記得網路上流傳法官認證的「罵人價目表」？雖然過度簡化公然侮辱或妨害名譽的法律效果，但千萬要記得，用言語文字或者各種方式，貶損他人名譽、惡意給予商家負評，甚至捏造事實製造假新聞，涉及刑事罪嫌，除了會被判刑或科處罰金，民事方面也會有負擔「回復原狀」、給予「精神慰撫金」等賠償責任的結果。

「媽咪說個故事給你們聽啊！」晚餐飯桌上，媽咪忍不住嘮叨了。

有個老師發現學生在靠北網站上指名道姓，說老師是廢物，教書不認真、遲到早退、分數亂打、四分之三學生都被當掉不及格等等，後來證明根本沒有這些事情。原來他是班上唯一被老師當掉的人，憤恨之際就捏造事實在網路上放話。

「真假？後來呢？」哥哥妹妹睜大了眼睛等著聽結局。

教官勸他拿下這些發言，也請他父母到校瞭解狀況。但是他不願意道歉，一直否認，老師只好提起刑事告訴。

「然後呢？」兄妹倆連碗筷都放下來了。

嗯~十八歲以下的學生是適用少年事件法，少年法庭判了假日生活輔導，必須去上法治課。但他還是不道歉，老師只好又再提起附帶民事損害賠償，請求回復原狀以及精神慰撫金。

「怎麼樣回復原狀呢？損害賠償金多少呢？」妹妹擔心地問。連爸爸也趕快把一口湯吞下，怕聽了結論會噴出來嗎？

如果一個人在大街上罵你，卻在小巷中跟你道歉。你覺得合不合理呢？

「當然不行啊！」哥哥咬牙切齒，「以牙還牙，以眼還眼。才是公平的。」

問題是，已經存在的網路資訊，到底流傳到哪裡去了？如何全面追回或者銷毀？再發表一篇更正啟事或道歉啟事，一樣會流傳嗎？曾經有人不希望有關自己的不實事蹟一再被蒐尋出現，就提起訴訟主張網路經營者應該將這種報導下架。這可是最新的「被遺忘權」法律爭議問題喔！

有時候在報紙會看到「道歉啟事」，例如打架肇事者向受傷者表達歉意，或者是承認侵害他人的商標權而表示絕不再犯等等，這些雖然無法真正達到「回復原狀」，但也是一種表示道歉的方式。

「以前還有警告逃妻的啟事呢！」爸爸突然插嘴。

對啊！這種違反性別平等意識的荒謬主張，簡直是時代的餘孽、文化的惡習、破壞家庭圓滿的錯誤示範……（以下省略五千字）爸爸搖搖頭，繼續喝湯不講話。難道爸爸也曾經想要刊登「家有惡妻」昭告天下嗎？令人起疑。

「那後來呢？」妹妹催促媽咪交代結論。

後來啊！這位學生終於把那些不實的發言從靠北網站拿下來，老師向他請求精神慰撫金，九十九元。

「九十九元？新臺幣？」哥哥妹妹傻眼。

對啊！老師說，他沒有要獅子大開口，從頭到尾，他只希望這位學生瞭解，不可以藐視法律，要對自己做的事情負責，並且尊重他人。那些破壞老師名譽的字句，在靠北網站上放了九十九天，所以老師希望他記得這個數字，以後不要再做這樣的事。

「哇～這位老師真偉大。」哥哥妹妹也佩服。

可是……開庭的日子，學生跟他的爸媽都缺席了。老師在法庭上嘆了口氣說：他們不會來的。

老師把手機內的簡訊拿給我看，是學生家長傳給老師的：「老師，你為什麼要這樣找我孩子麻煩，我家搭計程車去法院的車錢都超過一百元，如果你要錢，我連計程車費一起給你。一千元鈔票在這裡，你自己來拿吧！」

爸爸搖搖頭：「世風日下……」

連哥哥也說話了，「這樣子不太好吧！說聲道歉這麼難嗎？」

很難啊！你爸爸惹我生氣幾百次，一句道歉也不會說啊！他曾經……（以下再省略八千至一萬字）。

爸爸趕快把碗筷收一收，逃到廚房去了。

媽咪不禁感嘆，這個孩子，以後會遇到多大的生命困境，他自己會意識到嗎？他的父母採取保護孩子的方式，真的可以讓他安然成長嗎？這些人，走出了法庭，收到了判決，真實的人生才要開始，這之後衍生的問題，已經逸出我能解決的範圍，這時候真的讓人感到無力啊！媽咪常常喊累，也是因為這樣……

哥哥妹妹相覷無言。

「咦這是什麼？百貨公司週年慶大特賣……」爸爸翻開報紙裡的廣告夾頁，瞇著眼睛看。

什麼？快拿過來，千錯萬錯，這個絕對不能錯過！

## 你的名字

媽咪受邀請回到母校高中舉行法治教育課程。走過穿堂，看到兩旁公布欄滿滿的告示，「本學期模範學生……」、「朗誦比賽第一名……」、「奧林匹克數學競賽獎得主……」。不禁回想起以前，最希望的就是週會時能上臺領獎，從校長手上拿過獎狀，腳下踩起來都輕飄飄的。

「現在模範生都是用選的，要到各班去發表競選宣言，還有團隊幫忙製作海報、呼口號。」妹妹說。

哥哥不以為然，「當選模範生沒什麼啦！我們班後面的布告欄，掛滿了體育競賽的錦旗，四百接力、大隊接力都是第一名！」是很棒啦沒錯，但貴班畢竟不是體育班，那些因為環境清掃不整潔、秩序太差而被提出檢討的紅單，怎麼都被擋住了呢？

「嘿嘿嘿～」哥哥搔搔頭：「壞事就要用好事遮掩嘛！」

「我當初考上預官、研究所，學弟妹們都會用紅榜寫上名字，貼在學校公布欄。」爸爸又在回憶當年勇，「所以我在龍門水餃攤請客好幾次，家教費都快花光了。」是啊是啊！學妹最喜歡請客的學長了～（突然發覺自己居然被幾顆水餃就收買了，竟因此對學長產生好感，實在太傻……）

金榜題名，眾所皆知，是光榮的事。以前學生被記過或申誡，會公布姓名，懲罰之外或許有殺雞儆猴的意味。但現在重視隱私權，加上學校教育目的，應該是輔助並導正學生的作為，即時給予正確的指引及扶助。因為犯錯就永遠給人貼標籤，彷彿獵巫的作法，真的好嗎？

「可是像是拍賣網站被評為劣等的賣家，不公布他的名字，我們買家就很吃虧啊！」妹妹上次網購買到假的BTS簽名海報，忿恨難消。

那麼，如果是政府是依據法令，將違法做錯事的公司名字公布出來，大家看了會怎麼想呢？

「應該就是被認證過的差勁吧！」哥哥義正詞嚴。

前陣子上演的日劇，某間銀行因為貸款業務審核不嚴格，被金融管理機關處以糾正命令，竟然是由政府主管出面，遞交一份書面給銀行董事長，旁邊還有媒體、SNG連線，閃光燈不斷。媽咪嘆為觀止，這樣的畫面，應該是兩國簽訂公約、或者是某位天王大球星與球隊的簽約儀式才有的。

「為什麼政府機關處罰銀行，要這樣大張旗鼓呢？」妹妹疑惑。

「同樣熱鬧的場合常有啊！模範父親、傑出青年，還有獲得什麼跑馬獎、時鐘獎的。」哥哥也說。

是金馬獎、金鐘獎啦！這是年度盛事，許多藝術創作者，能夠得到這獎項的肯定，是他們一輩子的夢想呢！

將名字公布出來，好事傳千里，是一種榮耀。相反地，若將個人或公司做的違法事蹟公布，屬於一種懲罰，在行政罰法上，稱作「影響名譽之處分」。

最常見就是，勞工明明有加班，公司卻苛扣加班費不發；或者是投標的廠商，利用不當方式得標。這些公司，除了會被主管機關依據法令處罰鍰之外，還會被「公布姓名」（勞動基準法第80條之1），或者「刊登政府採購公報」（政府採購法第102條第3項）。

「還登報啊？」哥哥大驚。記得媽咪上次說過有個學生在網路上謾罵老師，被判要刊登道歉啟事嗎？那是民事損害賠償恢復名譽的方法。可是這些違法廠商被公布姓名，就不只是道歉就沒事了。它可能會被列入黑名單，相當期限內不能再參加投標，生意就做不成了，或者是因此喪失某些優良廠商的認證標籤，本來有的生意也會流失的。

「就像你們在找餐廳，會先搜尋一下網路評價，」爸爸說：「在找工作的時候，也會先去探聽這家公司的風評。」弔詭的是，網路的評價，雖說是消費者累積起來的，大家幾乎都會拿來參考，但有時仍會有灌水或者惡意的評價，千萬要注意。

「名譽是人的第二生命」，重視名聲的人或企業，深知走過必留痕跡。如果有某間手搖茶飲行被驗出有大腸桿菌，並且經過衛生單位公告，你們還會去買嗎？

「絕對不會！」妹妹堅決搖頭。

那再例如某建築工地，因為安全設備設計不良，在蓋屋時候屢屢發生工人傷亡事件，經過政府公告，消費者會去買這個房子嗎？

「不可能！怕會有靈異事件發生啊！」哥哥妹妹害怕地說。

唉呀！你們別歪樓了。現在雖然強調「實價交易」，房屋的買賣價格都有登記可查，那麼攸關建築物的建築過程安全問題，是不是比價格更重要呢？如果連基本的安全措施都沒注意，可以期待這間廠商蓋的房子夠穩固嗎？

「我們要去哪裡查這些資料呢？」哥哥煩惱。

政府部門電子資訊網站，幾乎都有建置，分門別類，依照管理事項而有查詢的連結。當然還有一些認證標籤，例如優良食品、檢驗合格證等等，其實就是給予消費者安心，用簡單易懂的標示讓大家明瞭，這也是政府守護人民的責任。食衣住行，只要是好的廠商，通過認證或聲請合格，就得到讓消費者信任的標章，彼此安心。對於不良的企業商家，也該給予合理的處罰或公布，才不會劣幣驅除良幣啊！

「當初爸爸的同學都拍胸脯保證，說他多好多好，嫁給他絕對不會後悔……唉～」媽咪忍不住又抱怨了。

「咦？難道有不實廣告嗎？」爸爸反駁。

這又是另外一個值得探討的法律問題了……

「爸爸媽媽你們行行好，我們要吃飯啦！」哥哥妹妹指著手機上一間五顆星的餐廳，「今天就選這家了！」

# 罰單的意義

媽咪跟爸爸都是急驚風，開車上路時，最受不了前面慢吞吞的蝸牛。平常兩人意見分歧，但是對於馬路三寶的荒謬狀況，兩人幾乎口徑一致出口成「章」的罵個過癮。

有一天，前面的小貨車以時速二十公里漫步在林蔭大道上，我們急著要趕去喜酒場合，忍不住又想開口。

哥哥在後座，很順口就說出：「拜託你的駕照是買來的嗎？整條路都是你的嗎？真是馬路三寶啊！」那語氣、那神情，簡直就是律師爸爸刻薄模樣的翻版！

夫妻兩人一驚，交換個眼神，媽咪說：「可能……他正在送的貨是雞蛋，要小心駕駛才行。或許有小寶寶在上面睡著了，不想驚動他……唉呀，要多一點體諒，多一點同理心。」

總是要等到孩子成為大人最真實的照妖鏡，我們才知道自己的偏失、歧見與缺乏寬容。拋開那些親子教養書籍的教條，原來，身教勝過千言萬語的嘮叨。

後來，媽咪在看新聞時盡量忍住情緒性的評論，開車遇到三寶想要幹譙時，也硬生生把話吞下去。嘗試用討論的方式，聽聽孩子的想法，也釐清自己的思緒。清晨送上學、假日出遊，車上的時光，是我們移動的學習教室。

譬如，你們看，高速公路旁黃色的牌子，寫著「前有測速照相」。你們知道是什麼意思嗎？

「知道！就是媽媽收到都會慘叫一聲的照片！」妹妹神回。

嘖～媽咪偶爾會分心，不小心多踩了一點油門啦！每當回過神發覺後方閃光燈啪擦一聲之後，媽咪就心碎了。

「前有違規取締」這種交通標示，是在提醒駕駛人，特別是在較筆直或危險的路段，請不要超速，保護自己也維護他人安全，若不遵守，前面可能有警察在等著採證取締。

「既然要懲罰超速，事先提醒不就抓不到了嗎？」哥哥疑惑。

「你覺得設置超速照相的真正目的，是要提醒駕駛人避免超速，還是國家要藉著罰鍰來賺錢？」爸爸問。

「當然是要賺錢啊！國家靠罰單賺錢、檢舉達人也想領獎金吧？」哥哥躍躍欲試。

媽咪正在喝水，差點嗆到，哥哥啊！別這麼偏激喔！

以前取締超速，是沒有在前方設置提醒標示的。但是有非常多的駕駛在高速行駛下，突然察覺警車或者測速器，竟而驟然降速，造成更大的危險。所以後來修法，在測速照相機或警車之前一定距離，必須要設立提醒標誌「前有違規取締」，目的是要提醒駕駛：「請將車速保持在速限範圍內」，而且，為了行車安全，盡量不會當場指揮駕駛人停車。若是真的因為超速而收到罰單，也是要讓駕駛人記得「下次」不要再犯。其實車禍案件造成的後遺症：包括肇事雙方的身體健康都會受損，甚至影響工作生活，有時候還會導致家庭結構的崩壞毀滅，這些都是社會付出的成本。國家應該在事前採取各種提醒保護措施，避免這些危險的後果，從人民身上得到罰單的錢，豈足以彌補這些龐大的社會成本？罰單的意義，絕對不只是從人民身上剝一層皮而已。

至於檢舉達人衍生的問題，也是應該嚴肅看待的。路見不平，見義勇為的人，固然值得稱讚，某程度也補充了執法的空檔，要知道，檢舉交通違規案件都「沒有」獎金可領的。但是如果只是伸張自以為是的「正義」，帶著「見不得人家好」、或者是「你活該被我逮到」的報復心態，真的是維護正義的好方法嗎？開車在路上，遵守交通法規的原因，如果都是因為提心吊膽防止被人檢舉，而不是真的為了大家以及自己的安全，這樣的風氣繁衍下去，難道要靠著隨時會被處罰的恐慌心態來維持社會秩序嗎？法律的真精神，絕不是僅有懲罰作用而已，濟弱扶傾、互助互利，善良誠實，都蘊含在內的啊！

道路交通管理處罰條例，重點是在「管理」維護安全的行車秩序，「處罰」只是附帶的效果。在事先建立一個遊戲規則，說好一起遵守，違反者必須被懲罰，這樣算是公平吧？然而，「不教而殺，謂之虐」，政府應該用簡單而易懂的方式宣導各種法律，法治教育從小做起，國民耳濡目染、習以為常之後，就像喝水一樣自然地遵守法律，一定可以減少爭端以及後續的司法成本。

騎機車戴安全帽、搭車要扣上安全帶、開車不能使用手機、不可以超速，這些看似「禁止」的規定，其實同時在保護自己以及他人的安全。使用交通工具固然帶來便利，不要忘記它也可能帶來潛在危險，因此，依循看似囉唆的交通規定，不僅是避免自己被罰而已，同時也是不給他人帶來麻煩的負責表現喔！

「就像籃球場上，每個選手都照規矩打球，不被裁判吹哨或者判出場，也不會讓其他隊員受傷。精彩的比賽才可以進行下去嘛！」哥哥果然舉一反三。

話說我們已經繞了很多圈了，人山人海的風景區，車位真不好找。

「爸爸快看，那裡有個車位！」妹妹千里眼找到。

唉呀，那是身障車位，我們不能停啦！在講究公平的同時，總是有些「形式上不公平」的情況。例如身障人士，為了體諒他們行動的不方便，距離入口較近的車位，會特別保留，用明顯的牌示以及地上漆色，提醒大家：僅有身障者可使用。一般人占用的話，會處罰鍰的。

「那如何分辨出這輛車子是身障者使用呢？」哥哥問。

你覺得呢？當然是需要身障者事先申請，獲得一張特殊停車證之後，放在擋風玻璃上，可以讓收費人員透過車窗查核。

「如果忘記帶這個停車證呢？」妹妹問。

好問題，你們說呢？

「應該不能停吧？就像去看電影忘了帶學生證，不能買學生票一樣。」健忘的哥哥常常這樣，難怪特別有感觸。

所以啊！如果可以享受某種優惠或者福利，也請要遵守既定的遊戲規則。在照顧或保障某些特殊族群的權益時，表面上似乎委屈了其他「一般人」，好像站在不公平的立足點，可是，有幸身為「普通人」的我們，應該可以稍微「犧牲」一點點不便，提出一點點貢獻，匯集成一個大的福利資源庫，提供給更需要的人，這是發揮人性的良善本質的具體表現啊！政府機關其實已經設計出很多完整公正的制度，許多公益社服團體、NGO組織也是基於一樣的出發點。行善助人，涓滴匯流，成就美好。

「媽咪，那妳可以行行好，讓我們去吃冰淇淋嗎？一人一支。」哥哥妹妹諂媚著說。

「是誰昨天還在嫌自己胖？說要減肥的？」媽咪問妹妹。

「唉呀，讓別人看到肥的樣子只有一秒鐘，自己吃美食的快樂卻持續很久呢！」妹妹堅定地說：「吃完再減。」

嗯，有道理，媽咪跟你們一起去吃冰淇淋，就讓爸爸繼續去排隊等停車位吧！

# 不能說的祕密

孩子的成長路上，總是帶給父母不同的驚喜與挑戰。

哥哥妹妹讀國小時，每天早上，除了雞飛狗跳的晨喚、更衣、早餐、找便當袋、放聯絡本……之外，最心驚膽跳的就是搭電梯下樓的時候。

「媽媽，我覺得我今天長的樣子有點奇怪？」妹妹看著鏡子說。

喂，媽媽只負責一半的遺傳，去問妳爸爸吧！

「媽媽，妳是穿什麼罩杯的啊？」妹妹大聲地問。隱約感覺到電梯裡不相干的人都尷尬地在等答案。

「媽媽，妳今天有沒有月經？」妹妹又問。因為從小喜歡泡澡的她，每天都希望我跟她泡澡，可是，總有不方便的時候，媽媽都很誠實地告訴她原因。但是，可愛的妹妹，有些話，實在不適合在電梯裡大聲發問啊！

等到他們長大了，自己上學。難得下雨的日子，「特准」媽咪開車送他們，我都得萬分感激地早早起床配合，還要在校門口一百公尺之外停車，因為他們不想讓同學看到。

現在換成媽咪在電梯裡，抓緊機會問哥哥妹妹問題，但是得到的大多是白眼，心情好時回幾個單字，心情不好時乾脆打個大哈欠。

哥哥十分在意棒球隊，對於各種運動賽事細節全然掌握，但是被問到段考數學為何不及格，他聳聳肩，比我還無可奈何的模樣。

妹妹最關心偶像團體的新專輯，何時何地巡演的地點如數家珍，地理考試卻連印度印尼、烏拉圭巴拉圭都搞不清楚。

「為什麼你們不能拿出對社團或者偶像團體的熱情，一樣地投入學校功課呢？」媽咪疑問。

「拜託～」兩個人都給我一個翻到天邊的白眼。「就是不喜歡學校無聊的功課啊！如果社團跟功課一樣無聊，那還叫社團嗎？」

好吧！媽咪只好想，多樣化的學習領域，不就是當初我們這一代所企求的嗎？但願當初我們承受藤條鞭子的結果，可以換來現在的優質環境，讓下一代有更好的機會。

「媽咪！」妹妹突然氣呼呼地說，「昨天學校健康檢查，保健室的志工阿姨幫忙量身高體重，有個阿姨很大聲地說：『二十三號某某某，體重五十二，身高一四六，妳有點胖喔！』『四十五號，體重六十五，身高一五〇。你要多運動、是不是熬夜沒早點睡？』後面排隊的人都聽到了，真是氣死了！」邁向少女時代的妹妹，最重視的就是身材。總是嫌自己胖的她，怎能忍受自己的祕密曝光呢？

妹妹，現在妳總算知道小時候妳在電梯裡問媽咪的問題，有些不能說的祕密，不適合也不應該公開的囉！

「有同學把告白紙條大聲唸出來，也鬧出一些風波呢！」哥哥回憶國中時期的荒唐歲月。

媽咪看了爸爸一眼，「雖然勇敢表達喜歡意思的人值得鼓勵，可是也要顧及人家的隱私啊！」當初爸爸用便利貼寫情書，故意放在研究室入口處讓大家都看到，簡直就是斷了媽咪的後路以及其他發展可能性，真是不勝感嘆，唉～（以下刪除五千字抱怨文）。

爸爸把報紙翻頁弄得很大聲，清清喉嚨，說：「有些人有保密的義務喔！醫生對於病人的病情，律師對於委任客戶的案情、牧師聆聽教友的告解、公務員掌握國家的機密、國家考試入闈的人……這些工作，都會接觸到所謂的祕密，如果洩漏，還有法律責任的。」

朋友之間批評他人的LINE對話，情侶間的親密照片，工程師掌握的公司機密……這些資訊或內容，未經同意就把它公開，或是惡意傳播，甚至拿來交換利益，可能會涉及民事侵權行為以及刑法妨礙祕密罪的程度。凡走過必留痕跡，就算是在紙上用隱形墨水寫字，也可以還原，更何況各種傳媒軟體，FB、IG、推特，誰都可能成為祕密風暴的主角，不可不慎。

「可是，我聽說有些人有通報的義務，那是什麼情形呢？」哥哥問。

小兒科醫生在幫孩童看感冒時，發現身體有被打傷疑似凌虐的痕跡，該保持沉默，還是要通報兒福機構以及警政單位？

老師批閱日記，發現學生在裡面吐露被親人性侵的事實，該如何處理呢？

這是法律規定的通報義務者，當有更大的「公益」要去保護的時候，就不會去責難他的「洩密」行為。因為不這麼做，會造成更大的損害以及無可彌補的後果。就好像在天秤的兩端，一個是他人要保護的祕密，一個是因為這祕密不揭露而造成的損害。這時候該怎麼辦呢？

「難怪法院的標誌都是用天秤來表示。」妹妹起身表演，一手持劍、一手握天秤。

「眼睛還要矇上喔！」哥哥補充。

這是在西方常見的正義女神的標誌，矇上眼睛，表示沒有偏見。持劍，是希望斬斷所有不公不義。天秤，是希望妥善斟酌各個立場，取得平衡。

「所以妳偶爾也可以睜一隻眼閉一隻眼嘛～」好像聽到爸爸在嘀咕什麼。

怎麼樣？有什麼意見嗎？「快去倒垃圾～」。

難道要我拿出劍來嗎？

［法官內心話］

哥哥：「選舉制度好複雜，
學校考題不會答。」

妹妹：「趕快問爸爸，
法條背誦他最強。」

到學校演講，我的開場白總是：「你們沒有機會去法庭看恐龍，乾脆恐龍出來面對你們。」

其實，現在的學校教育真的非常多樣化，生活化。「晨光故事時間」、「社區名人會」，都是邀請家長們來班級分享自己的工作經驗。我老張無瓜可賣，只好賣法庭。從法袍的顏色講起，法庭位置，職稱與角色，案例講解，或者，請孩子們擔任金田一，查出真兇是誰？還讓他們擔任陪審員，舉手投票決定「guilty or not guilty」。隨著孩子長大，從國小到國中，講題漸漸變成「少年事件法」、提醒他們常常以為沒事卻是很嚴重的行為（網路上誹謗、順手牽羊、冒名買手機、初嚐禁果……）。礙於時間不足，有時候在大禮堂幾百人的場地，為了引起孩子的興趣，只好將老師拖下水，請他們演出行動劇：我正經八百地開始講課，突然一群人闖進來，A老師拿掃把追打B老師，C老師見狀前來勸架，D老師過來趁機拽打一拳洩恨……一陣忙亂之後哄然而散。

有獎徵答時間開始。

「剛剛A老師是穿什麼顏色的衣服？有帶眼鏡嗎？」

「B老師拿什麼抵擋？球鞋還是書包？」

「C、D老師有打人嗎？打哪裡？」

少年金田一們紛紛憑著自信，七嘴八舌地回答。然後請主角出場，真相揭曉。剛剛才發生的事，往往卻有一百種截然不同的答案，大家不禁傻眼。

「所以，法官不是上帝，無法將時光倒轉。法庭上呈現的真相，也不見得與事實相符。」期待孩子們能夠瞭解，法律事件的調查、物證人證的留存、我們自以為是的真相，其實都有一定的極限。也提醒他們：凡事不能只看一個片段，前因後果都要考慮，勿以淺碟性的思考回應，情緒性地表達對事情的看法，無濟於事。

「你希望別人不要對你做的事，你自己也不要對別人做。」我試著用最淺顯的話語說明「自由」的界線。

「打籃球要遵守比賽規則，遊戲也一樣。其實，法律就是一種大家說好的遊戲規則，是一種最大的公因數。」我嘗試用最貼近生活的面向來解釋法律。

學校，就是孩子的全世界，是一個大人們無法窺探全貌的神祕宇宙。有大老、有階級、有親密連結，也有殘酷生存競爭。這不是爸爸媽媽一句「你就不要理他們嘛！」、「管他們說什麼？做自己的功課就好」可以解決或應付的。孩子在學校感受體驗到所謂正義、天理、有理、沒理、懲罰或獎賞的公平性，將來他們就用這種眼光及態度面對社會。作父母的、當老師的，正在培育這個國家的未來樣貌，豈能不慎？

但是，法律一定是「管」人，「懲罰」人的工具嗎？我們為什麼需要法律來「管」我們這些好人呢？壞人只要聘請很貴很會狡辯的律師，就可以脫身無罪不用關嗎？弱勢者都被法律欺凌，不是嗎？法官的判決都悖離人心，錯判離譜，不是嗎？只要有權勢，法律就不上身，不是嗎？

不要懷疑，這些問題，都是孩子們最真實的心底話（難道不也是你：正在看這篇文章的大人你，心中最深的疑惑與不平？）

如果在學校，孩子心中也有這樣的疑惑：為什麼欺負人的反而可以脫身？為什麼校規只處罰誠實認錯的人？為什麼老師都聽對方的、不聽我的辯解？為什麼民意代表的孩子就可以享有特權？少數要服從多數，那少數的特殊性永遠無法顧及，總是遺憾不公平啊？

面對這些赤裸裸的問題，我總是希望在互相討論的過程中，讓他們明瞭，所謂法律的真精神，不是恐嚇或威脅，更不是齊頭式地要求一致性。如果法律只保護壞人，恐怕是你「以為」的壞人。而我們每個人，都有可能被認為是「壞人」。許多看似繁瑣的法律程序，其實是在保護每一個公民不輕易被干擾。在追求公平的同時，一定會犧牲掉某些特殊份子，要用補償的方式，還是要另立一個遊戲規則給這些不一樣的人？孩子們的思索方向，呈現了他們面對未來的模式。

從校園看社會國家，從孩子眼中看到未來。法治教育，從來就不是學校的責任而已。

要不要試著回答大學入學指定科目考試的題目？爸媽不要怕，跟孩子討論一下，答案就在他們的公民課本內。

**（單選題：104 年大學學測社會科）**

14、甲在網路聊天室與其他人聊天，卻因觀點與乙不同，甲被激怒而使用三字經辱罵乙，乙即以甲涉嫌公然侮辱而欲向檢察官提出告訴。因公然侮辱罪是告訴乃論之罪，關於乙提起刑事追訴的程序，下列敘述何者正確？

（A）若乙在提出告訴後與甲達成民事和解，檢察官即無須處理此告訴

（B）如果乙沒有提出告訴，檢察官便無法進行犯罪的追訴與訴訟辯論

（C）乙提出自訴後，檢察官仍可提起公訴，法院應依檢察官起訴審判

（D）乙依法律規定只能向檢察官提出告訴，不能直接向法院提起自訴

答案：B（刑法第314條）

**（多選題：108年大學指考公民與社會科）**

43、依目前臺灣地方制度與選舉的規範，下列哪些公職人員是由人民直接選舉產生？

(A)臺南市議會議長

(B)南投縣南投市市長

(C)新北市板橋區區長

(D)花蓮縣光復鄉鄉民代表

(E)屏東縣恆春鎮山海里里長

答案：**BDE**（地方制度法第33、57、58、59條）

**（單選題：104年大學學測公民與社會科）**

7、小華在大一時參加了一場示威遊行，因與意見對立者有肢體衝突，而遭警察逮捕留下紀錄。去年初他剛滿二十歲，本打算投入去年底的市議員選舉，以進行體制內的改革，但是辦理登記時因資格不符未能成為候選人。下列何者導致他不能參選而無法完成從政理想？

（A）年齡不足
（B）具有學生身分
（C）曾在警察局留下紀錄
（D）沒有獲得任何政黨提名

**答案：A**

孩子們切身相關的議題，網路誹謗與公然侮辱的事件，其實天天都在發生，該如何解決？法律救濟程序規定，課本裡都有教。

別以為選舉與未成年人無關，選舉的意義，在於直接表達人民的心聲與意願，也是尊重國民自由權利的表彰，在憲法第二章「人民之權利義務」第17條：「人民有選舉、罷免、創制及複決之權。」因此，從小培養孩子的選舉民主意識，瞭解「選賢與能」「公平競爭」的意義，民主精神就是這樣點點滴滴累積而來。

孩子公民課本裡的議題：人權保障、民主政治、公民參與、依法行政、權利義務、司法救濟，都與國民生活息息相關。其中「民主政治的運作」、「民主社會與政治參與」章節，除了介紹選舉的各項制度運作之外，更重要的就是讓他們瞭解：公民藉由選舉如何影響國家政治？如何用非選舉的方式參與政治。十二年國民教育，我們希望孩子有能力去面對迎接這個美麗新世界。我們希望，爸爸媽媽或者老師，在與孩子交換意見、討論分析社會事件的同時，也能讓他們瞭解，課本上學習的法律知識，不是冷冰冰像碑文似的法條，而是真正與生活連結的實用規則。而我們這些大人，也可以從討論分享的過程中，一起找到失落已久的真心：那個想要尋求真理、公平、正義，最基本的心願。

[ 法律 Q & A ]

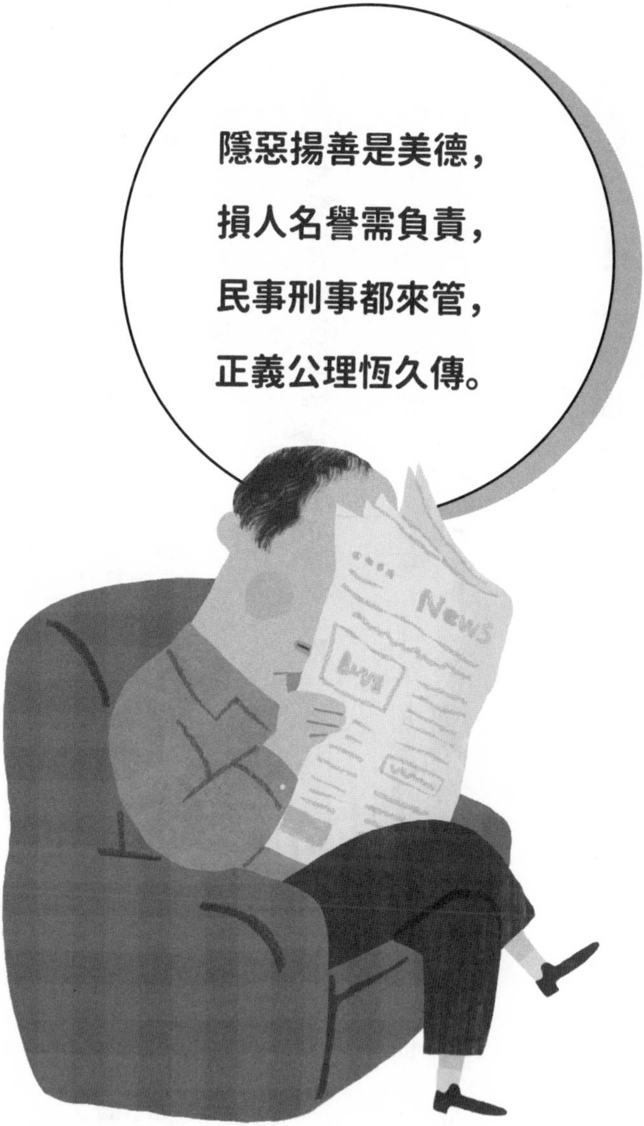
隱惡揚善是美德，
損人名譽需負責，
民事刑事都來管，
正義公理恆久傳。
News

**Q：在網路上匿名罵人，就不用負責嗎？**

A：凡走過必留下痕跡。網路上的言論，眾人皆可閱讀、流傳，相當於在公開場合發表言論，必須堅守不違法的界線。科技發達，總會循線找到發文的人，不可不慎重考慮鍵盤下的每一個字。

**Q：可是我又沒有明確指出我罵的人是誰啊？我都用代號。**

A：就算沒有指名道姓，如果一些描述、特徵、諧音，甚至確定的時間地點以及相關條件，可以讓人家理解並得知你罵的人是誰，恐怕無法用「純屬巧合」當藉口喔！

**Q：如果我確實可以找到並蒐證，有人在網路上故意用污衊的話語、侮辱的文字傷害我的名譽，我可以有什麼救濟管道呢？**

A：

（一）民事部分：

（1）因為我的名譽權及人格權被侵害，所以依據侵權行為法的規定，請求損害賠償。但是要證明有損害、且跟他的不實言論有因果關係。

（2）名譽的損害很難計算，所以民法規定，如果不法侵害他人之名譽、信用、隱私等其他人格法益而情節重大者，被害人雖非財產上之損害，亦得請求賠償相當之金額，就是所謂的慰撫金。還可以請求回復名譽之適當處分，例如登報道歉、刊登啟事等等。

（3）依據請求金額的多寡，寫起訴狀，備妥證據，向行為地或損害發生地的地方法院民事庭起訴，記得要繳交訴訟費用喔！

（4）相關連結及書狀下載：民事書狀範例：https://www.judicial.gov.tw/tw/lp-1361-1.html、民事事件費用徵收標準：https://www.judicial.gov.tw/tw/cp-168-32-3645f-1.html。

（二）刑事部分：

（1）網路空間具有一定的匿名性及方便性，一般人往往更輕易將隱藏於內心的意思表達出來，用字譴詞，更要分外小心謹慎。如果因為衝動之下而隨意發出的言論而吃上官司，就太得不償失了。在網路上罵人，可能涉及的罪名是刑法第309條的公然侮辱罪、第310條誹謗罪。

（2）所謂的「公然」，是指不特定人或多數人得以共見共聞的狀態。至於被害人本人是否在場見聞以及現場實際上有多少人見聞，並不是重點。在一般的公共場所、網頁、電子布告欄等，只要是不特定人或多數人都能夠去瀏覽、觀看的話，就是「公然」，除非是「隱版」只特定的人看，但是也要注意如果可以看的人達到一定之多數人，還是有可能成立「公然」的。如果僅是寄信給對方或者單純跟對方用通訊軟體對話，因為只有收信人看的到，所以並不當然成立公然辱侮。

（3）所謂的「侮辱」係指對他人表示輕蔑的行為，足使貶損他人之名譽，例如混蛋、白痴等等。而侮辱指的是抽象的謾罵（評價性的用語），如果涉及到具體的事實，例如指述「某人是小偷，昨天去行竊」，而非單純指「某人個性像個小偷」的話，就會成立刑法第310條的公然誹謗罪，當然還要符合本罪的其他構成要件。

（4）是否成罪，會視行為人與被害人的性別、年紀、職業、教育程度、平時關係、平時的語言使用習慣，綜合考量判斷。同樣罵「幹」，有些案例被認為是侮辱，有些則否，重點在於當時有無侮辱他方之意思。如果並無侮辱他人的意思，而是在氣憤之下情緒發洩的口頭禪，往往會被認為不成立侮辱，但仍然需視具體情況而定。

## Q：我對於發表侮辱他人的文字真的感到後悔了，該怎麼辦呢？

A：道歉永遠不嫌遲。只要誠心表示道歉，並盡可能收回這些侮辱或者誹謗文字，或者事後刊登道歉澄清啟事，雙方如果能夠和解，可以寫下和解契約，談妥賠償的方式及條件（賠償金額、刊登道歉啟事的內容以及方式等等），被害人（刑事告訴人）如果同時願意撤回告訴，在偵查階段，檢察官會做「不起訴處分」，若已進入刑事法院程序，則會有「不受理判決」。這是因為這種案件單純侵害被害人個人法益，尊重被害人對加害人的控訴意願，國家也可以省卻刑事程序的勞費，將心力利用在真正的重大犯罪上。

## [輯二]

# 認識法院

## 不一樣的侏羅紀公園

開學了，每個班級都會選個晨光時間，舉辦「社區名人會」，邀請爸爸媽媽入班，介紹自己的工作。多年來，我聽過機師爸爸講飛機遇到亂流時的經驗，還有西裝師傅扛著人形模特兒當場示範裁剪，英文雜誌社編輯來現場教學，還有專職家庭主婦媽媽教大家一起做沙拉……當然，我們這種恐龍法官，一定早就是老師的眼中釘懷中寶，怎麼可能不讓我們出現滿足孩子的好奇心呢？

可是，要怎麼介紹恐龍法官的日常生活？乾脆跟老師說，不如把教室移到法院吧！老師很高興，開始規劃。

哥哥哀嚎：「拜託，我可以不要去嗎？」

哥哥妹妹小時候，媽咪假日要加班，只好把他們半哄半騙到辦公室：「跟媽媽一起來啦！那裡有很多空白的紙可以畫畫。」（因為妹妹愛畫圖）、「還有很多故事書可以看。」（因為哥哥愛看書）。

等到他們漸漸長大，知道這根本就是媽咪的陰謀，就再也不肯去了。

他們抱怨：「妳總是在看一大疊的卷宗，還要打電腦，常常盯著一頁發呆很久，書架上都是法律的書，又沒有漫畫……要去廁所的路簡直是迷宮，有時候天花板還有老鼠賽跑的聲音……」

唉呀，只要不看媽咪的辦公室（當然也有同事的書桌整齊彷若臺積電無塵室），法院其他的地方，都是一座值得探險的侏羅紀公園呢！

無論什麼團體，都可以申請預約，法院還會派專門的書記官導覽，若剛好有空法庭，還可以讓你們穿法袍，來個角色扮演喔！無論是設有單向鏡的指認室、熱鬧的拍賣室、提存所……走過一趟，像是精彩十足探險旅程。

首先，帶你們從正門進入，通常會有聯合服務中心，親切的志工導引，還有訴訟輔導科的書記官阿姨叔叔，他們可都是最有經驗最有耐心的第一線人員，負責解決疑難雜症。收到傳票該怎麼辦？要申請支付令？拍賣公告在哪裡？投標應該準備什麼文件？其實這些問題，在法院的網站上都可以找到解答，但是很多人親自到法院來尋求答案，比較安心。

「夫妻財產分別制、本票裁定申請書、異議狀、拋棄繼承申請書……呼～比我們發下的作業還多。」同學們看到架上陳列的文件，驚呼不已。

是啊！法院都會提供當事人很多例稿文件，簡單的申請案，自己填寫就可以，不用每件事都要找律師。（律師爸爸不要抗議，許多專業領域或者攸關生死的案件，當然最好是要找律師啦！）（再附註：法律扶助基金會可提供清寒者免費法律服務www.laf.org.tw。）

門外有SNG車出現，攝影機鎂光燈閃起，記者聚集簇擁著數個人在法院外採訪談話。每當社會矚目案件發生，你們看到的即時新聞狀況就是這番局面。

「媽咪，同學說想看關犯人的地方……」哥哥的同學們推擠著哥哥代表發言。

那是拘留室。

通緝到案，或者是從看守所或監獄提解出來的被告，以及被檢察官聲請羈押的犯罪嫌疑人，等待開庭之際，就是在這樣一個暫時拘留的地方。許多身手矯健的法警負責戒護人犯，在刑事法庭上也可以看到他們站在被告身旁。

不過，拘留室可不是電影場景，不可能讓你們進入。若想親身體驗監獄，不用飛去日本北海道網走參觀，臺灣的嘉義監獄，就是一個詳實記錄歷史、規劃完整的博物館，相當值得去參觀喔！

「為什麼有些法庭坐著三個法官、有些只坐著一個呢？」學生的觀察很敏銳，也很好奇穿不同顏色法袍的人，到底扮演什麼角色。

「陪審團坐在哪裡呢？」哥哥的好友睿睿發問。他平常很喜歡看電影，想必對於法庭戲有深入的研究。

「沒有錢請律師的人怎麼辦？」、「律師爸爸可以擔任妳承審案件的辯護人嗎？」、「被告是外國人不會講國語怎麼辦？」、「被告到法庭上，法警為什麼要解開他的手銬呢？」……孩子們的問題，顯現出他們對這座侏羅紀公園的好奇，對於法律制度的運作實況，還有什麼比這樣更能讓他們深刻瞭解呢？

其實，這些問題的答案，都在你們的社會科課本裡面喔！書頁裡的文字敘述，現在活生生具體化到你們面前，更可以讓你們知道，「讀萬卷書、行萬里路」的意義了吧！

親愛的小朋友，還有什麼問題呢？

「還有……我們想看妳的辦公室。」好多同學興奮地站起來。

這……章魚媽咪今天剛好沒帶辦公室鑰匙……不如這樣吧！我請你們去地下室的便利超商，請你們自己選擇飲料或冰棒，好不好啊？

只見孩子開心地鼓掌叫好。

呼～還好機智的恐龍見風轉舵，反應快速。

侏羅紀公園，總是有著不為人知的角落，還是保留一點祕密吧？

「我跟你們講，我媽的辦公室很可怕，就像她的衣櫃一樣，東西都快要爆開來，地上到處都是……」我好像聽到哥哥在跟他同學竊竊私語。得快點過去賞他一個口罩才行！

# 被遺忘的時光

妹妹在瘋韓團歌手，偶像來臺北辦見面會，妹妹完全無抗拒能力。守著網路，第一時間下單搶票，到現場跟著同學排隊，只求遠遠地見他們一面，尖叫、揮手、一起高喊沙朗嘿呦（我愛你）。

「有人遲到，主辦單位只允許在中場時間才開放她們進場，這些女生急的都哭了。」妹妹無限感慨地說。

「所以一分鐘都不能遲到啊！」媽咪提醒，在法庭上，遲到一分鐘，就可能有一造辯論的結果呢！

「一造辯論？法庭上不是應該等所有的人都到場才開始嗎？」妹妹很疑惑。可是……妳現在不也是還沒等哥哥回家，就打開糖果盒先挑最喜愛的大口吃下呢？

「呵呵呵呵～」妹妹傻笑。

法院開庭可不是隨便的，為了保障每一個當事人到庭的權利，法院都會發正式的傳票通知，載明當事人（是原告還是被告，證人或者鑑定人）、時間（幾月幾日幾點幾分）、地點（哪一個法庭）以及期日種類（調查程序還是辯論程序），一定要看清楚依照時間出席。法院每天都在處理許多件案件，原則上不可能暫停，對方若聲請「一造辯論」，此時就要承擔可能敗訴的風險喔！想想看，如果你完全不理會法院的傳票，若有正當理由（例如開刀住院、出國不刻返回），也不提出書狀說明或請假，連出庭也不願意，這樣等於放棄辯論的機會，如何能讓法院依據雙方提出的證據來判斷呢？

「我知道，就像是籃球比賽時間到了，球員卻不上場，等於棄權。對方就算贏了。」哥哥剛剛放學回家，隨即來個結論。

是的。幸運的話，可以利用上訴程序救濟。但最糟的是，這段被遺忘的時光，是永遠無法倒回的啊！

所以，接到法院的任何文書，都要記得看仔細，無論是傳票的附註欄，或者是判決、裁定、行政機關的處分書（罰單、補稅、准許或駁回通知書等等），最後教示欄都會註記：「若對於本判決（處分書）不服，請於幾日內向原審（或原處分機關）提起上訴（抗告、訴願……）。」

「唉呀，媽咪，妳講這麼多，我怎麼記得起來？」哥哥妹妹揮著化學元素表：

「要背的東西還有好多好多啊！」兩人雖然吃著糖果，苦瓜臉卻乍時出現。

那怎麼辦呢？許多期日期間的規定都不一樣，而且又不是每個人都念過法律系，也不是每個人家裡都有一本六法全書。

雖然現在谷狗大師、維基先生以及各種網路查詢管道都有，但是過多的資訊以及無法確認真偽的訊息，會讓人猶豫擔心呢！

「所以啊！仔細看好書面資料上的訊息，如果有官方網站，或者是政府機關的電話總線轉分機，都可以試著聯絡查詢。」還有，法院或檢察署的「為民服務中心」都有資深的書記官值班，也可以到場詢問。

不容否認，詐騙集團造成人民對於各種文件產生疑懼與不信任，可是，如果我們法治教育從小做起，讓民眾都知道法院、檢察署的功能，對於傳票的記載、判決的格式、行政機關的處分書，有了基本的瞭解與認識，而且懂得向正確的單位查詢，就不會輕易讓詐騙集團得逞。例如有書記官或者檢察官上門來，警告你涉及國際洗錢刑事案件、請你把帳戶內的金錢交給國家監管這種鬼話，就不會陸續一直有人相信了。

妹妹突然一聲尖叫，看著她拆下的糖果包裝紙，目瞪口呆。

「這這這……這個糖果已經過期半年了。」

喔！爸爸又來了，每次都把過年收到的糖果禮盒放到中秋節才拿回家。

食物有保存期限，權利也是喔！如果你借錢給我，十五年內都不向我催討，然後第十六年到了，突然想起，來跟我要，我可以兩手一攤，說，太久了，我不願意還錢了。

「怎麼可以這樣！」哥哥妹妹驚呼。

若是租金，要記得在五年內去催討。若是住宿費、技師的報酬等等，則是兩年內就要趕快請求啊！至於車禍過失造成的傷害，若要提起刑事告訴，則是六個月內……

「媽咪呀！我怎麼可能記得起來這些規定～」哥哥妹妹繼續哀嚎。「而且，欠錢怎麼可以不還呢？法律真不公平！」兄妹突然形成正義聯盟。

（真的這麼義正詞嚴，怎麼常常看見兩位聯絡簿上被老師貼上催繳單：功課有缺、班費忘繳、作業遲交……）

法律保障的權利，都有一定的請求權行使時間。這樣的規定，不是懲罰好人，也不是放過壞人。時效規定的目的，是要讓人們「即時」行使權利。事件經過久了，證據逸失、蒐集不易，就算是常見的辦案神器「監視錄影帶」也不可能長久保存，更何況是實體文件上的印章會湮滅，筆跡會暈開、傳真紙字跡淡化，證人記憶不清等等，這些不僅增加辨識證據的困難度，長久不行使權利的結果，雙方的權益狀態既然處於安定的狀況，如果輕易地讓權利人可以隨時主張，對相對人也是一種突襲性的干擾啊！

當國民義務教育把九九乘法內化成為人民反射的動作、琅琅上口的「床前明月光」根本植入大家腦海時，這些涉及國民權利的重要時間規定，難道不該成為學校義務教育的一部分？在購屋、裝潢、貸款、租賃的重要時刻，當我們簽署契約時，不也應該從心底從腦海裡出現反射動作，檢查並提醒自己這些時效規定嗎？這一段被遺忘的時光，究竟是誰該來提醒與找回呢？

憲法既然保障人民有受教育的權利與義務，人民就該很容易地學習到重要的生存技能及知識，國家也該把真正人民需要的事務教給我們知道。再者，政府以及各種職業公會，也應該提供合理公平的「定型化契約」供交易雙方參考，契約條款內容規定明確，對大家都是保障，不僅維護交易秩序，也可促進經濟的正常運作。

「如果涉及到跨國的商務契約，或者持續的採購契約等等，更需要專業的法律諮詢喔！」出差的爸爸回家了，下了一個結論。

是的是的，爸爸提供專業法律意見很犀利，卻常常忘記把妹妹的糖果禮盒在保存期限內「即時」帶回家，當然，也常忘記給老婆的禮物，畢竟憲法沒有規定老公的義務為何……

「爸爸媽媽，請你們簽名。」只見哥哥妹妹拿著一張紙出來，上面寫著：「如果這次段考成績進步，爸媽答應帶我們去六福村玩一整天。」

呵呵，現買現賣，不錯不錯。契約書上我可要加個條款：「如果沒達到成績，一個月都不准使用三Ｃ產品。」

道高一尺、魔高一丈。別忘記爸爸媽媽是靠這個吃飯的喔！

## 迴避不迴避

假日上午，妹妹不甘不願地跟著媽媽到傳統菜市場，要不是答應妹妹可以買她最愛吃的烤地瓜和煮玉米，怎麼可能將她從被窩中拉出來。但是媽咪用心良苦，深怕她冬瓜西瓜南瓜不分，還以為所謂雞肉就是保鮮膜捆包著的一團粉紅色物體，所以想辦法要她一起來體驗真實的菜市場人生。

「哇！媽咪，這是新郎拋出的花束啊！」妹妹指著一團綠色的植物大喊。

「這是妳最愛吃的綠花椰菜。」媽咪冷靜回答，平常都是切開、燙熟了擺在盤子上，妳終於看清楚它真正的模樣了。

賣烤地瓜的阿嬤看到妹妹，開心地打招呼：「喔妹妹好乖，今天要吃幾個啊？」妹妹扭捏地說：「一個就好啦！要減肥。」

阿嬤看了媽咪一眼，說：「減什麼肥啊？像妳媽媽這樣也很好看啊！」順手就多塞了一個給妹妹。媽咪接過沉重的袋子，實在笑不太出來，勉強從齒縫中擠出一句：「謝謝阿嬤。」

渾然不覺媽咪臉色有異的妹妹，大口咬著地瓜，問道：「阿嬤每次都給認識的人多一個地瓜，她怎麼賺錢呢？」

買一送一，細水長流，有了交情，每次經過就不好意思不買了啊！人際關係就是這樣，朋友親戚、同學同鄉、社團公會……一圈圈，一連串，這樣的網絡，總是在各種場合激起話題，一表三千里，每一個人說起來都是親戚。對認識的人多點優惠，也是人之常情。

「那媽咪在法庭上遇到親戚怎麼辦，會對他有特別待遇嗎？」妹妹突然發現新大陸。「還有，妳在法院遇到爸爸，會像在家裡一樣罵他嗎？」妹妹高聲發問。

ㄟㄟㄟ，妹妹妳別搞錯，媽咪哪有罵爸爸？媽咪都是在跟爸爸「討論」、「商量」事情罷了。

如果有「十大想對法官之提問」，這一題必定排名第一吧！

到攤子上去買麵線，老闆是妳的小學同學，他一定會給妳多一大瓢吧？（除非妳小時候欺負他？）

求診遇到的醫生是親戚，你一定欣喜若狂，這樣他一定會特別用心照顧吧？

但是，如果有案件繫屬在法院，接到傳票時，看到上面法官的名字好熟悉，咦？

居然是親戚（或是初戀情人、或是昨天才吵架的房東），或者開庭時，赫然發現庭上坐的是剛才在捷運為了搶座位、差一點跟他大打出手的白目男……那麼，該慶幸期待法官可以特別優惠親戚、或者要自認倒楣準備接受敗訴或不利的判決結果呢？

「嗯，法官畢竟不是機器，難免受影響吧？」哥哥走走跳跳來開門，接過媽咪手中的菜籃，小心翼翼避開掃地機器人的路線。

是的，連冰冷的法律制度也考慮到人性的脆弱與艱難，所以設計出「迴避制度」。就像掃地機器人遇到障礙物會避開一樣，有些案件，法官遇到了，非避開不可。

如果當事人是法官的配偶、未婚配偶、親屬（八等血親或五等姻親）或是法定代理人，法律規定法官是不可以審理這個案件的。還有一些特殊的規定，譬如曾經為該案件的證人或鑑定人、訴訟代理人，都應該要迴避（民事訴訟法第32、33條、刑事訴訟法第17、18條）。

「說實在，無論怎麼判，都會被質疑不公平吧？」哥哥想想說。

是啊！就像是外科醫生不適宜為自己親人開刀一樣，當事人與自己的關係，究竟會不會影響判斷呢？與其讓外界猜測，不如在事前就排除這樣的情況。

這些親屬關係的要件都很明確，法官應該要自行迴避。但是還有一個情況是，如果案件的當事人既非配偶也非家屬，確有事實足認其執行職務有偏頗之虞的，當事人也可以聲請法官迴避。

「什麼叫做有偏頗之虞？」妹妹問。「像我偏食一樣嗎？」

這個就要看具體情況而定，譬如說法官與當事人恰巧是房客與房東關係，而正在為租賃契約打官司，或者是曾經在捷運上發生衝突……等等，必須有具體情事及證據，不適宜自行揣測或者過度聯想。許多司法黃牛會藉此機會騙當事人，說什麼跟法官很熟、可以代為關說，千萬不可以上當啊！

「像媽咪在法庭上，都盡量不對雙方當事人微笑或者多說一句案件以外的話。因為怕當事人會觀察：『為什麼法官跟對方笑兩次，只對我笑一次。』因而產生誤解。」媽咪壓壓自己的眼睛兩側，唉！好像少笑一點也不會減少魚尾紋啊！

「那誰來決定法官該不該迴避呢？」哥哥提出疑問。

必須同院的其他三位法官組成合議庭，如果人數不足，則由兼院長的法官裁定，若不能由院長裁定，則由上級法院裁定決定（民事訴訟法第35條、刑事訴訟法第21條）。

迴避制度不是法官專屬的，法院的書記官、司法事務官等也一樣適用。至於每年上場的各種考試（會考、學測、高普考、各種專業人員的考試），試務人員若有親屬要參加，原則上也不會讓他介入的，就是要避免讓人質疑程序的公正。

「上次叔叔結婚，屬虎的人都不准進去新娘房。」妹妹突然想到。

這也是一種「迴避」制度啊！你們有沒有聽說，農曆年初一，出嫁的女兒不可以回娘家？

「這是什麼奇怪的習俗？」哥哥不解。

各種風俗習慣，都是多年累積下來的生活經驗，是否遵循、有無禁忌，很難一概而論。只要不違反公共秩序與善良風俗，法律是不會強制禁止的。

不過像是距離學校兩百公尺內不可以經營電動遊戲場、水源區不可釣魚、軍事管制區禁止進入……這些「迴避」的規定，有它的目的與安全要求，千萬不要輕易違反。

爸爸翻完報紙了，咳了一聲，「最好是距離媽媽辦公室一百公尺內不可以有服飾店。」

奇怪，女為悅己者容，我穿的漂亮是礙到誰嗎？看來需要跟爸爸好好「商量」、「討論」一下了。

# 千萬別遲到

「妳到我身邊，帶著微笑，帶來了我的煩惱……」爸爸在浴室哼著歌曲，哥哥經過聽到了，大嘆：「這是什麼奇怪的歌？」

這是媽媽永遠的偶像劉文正的歌啊！曲調聽似輕鬆，卻是一個女孩兒心碎的故事。因為慢一步對男孩表白，所以也只能聽到男孩說：「我的身邊，早已有個她，喔～她比妳先到。」

「就是遲到了嘛！」妹妹說。

「我只在乎中午送餐的人有沒有遲到。」哥哥說肚子餓會想睡（但是吃飽也想睡，你到底什麼時候不想睡？）。

以前媽咪念國中時，阿嬤每天中午送熱騰騰的便當到校門口給我，同班的鄰居男同學好羨慕，回去問他媽媽：「為什麼她的便當青菜都是綠色的？我蒸過的都黑黑的。」鄰居阿姨只好過來拜託阿嬤也做便當給他。每天中午，媽咪就跟那個男同學兩人站在校門口等阿嬤送便當來。

「然後呢？這個男生到哪裡去了？」妹妹好奇的問。

「大概被媽媽的飯量嚇跑了吧！」爸爸低聲地說。奇怪，為什麼律師總是在不該說話的時候說話呢？

外送服務，無遠弗屆，每天中午在學校門口的外送機車陣仗頗嚇人，在颱風天也有呼籲保護外送員的聲音，其實早期在臺北北投地區，就有機車到府的服務，還可以「運送」人呢！

「真的？那我上課快遲到了，可以請他載我。」哥哥說。

你早十分鐘起床準備，不就可以了嗎？

上學遲到，頂多被記點；送餐遲到，罰個錢了事；眼睜睜看著高鐵駛離，偏偏遲到了，還可以想辦法搭下一班。但是開庭遲到、申請期限過了、或者上訴時間逾期，如果不是因為天災地變（法律上叫做不可抗力因素），往往是無法補救，影響權益重大，一定要謹慎以對。

「忘記結婚紀念日、就算第二天補送禮物，結果還不是一樣很嚴重。」爸爸搖頭嘆息。

所以如果接到法院傳票，或者任何政府機關的公文通知等等，可不要輕忽。

「可是現在詐騙集團這麼多，怎麼知道這些傳票文件是真是假？」妹妹煩惱著。

「而且郵差白天來送信，大家都在上班上學，怎麼辦？」哥哥也困惑。

原來你們也會擔心這些問題啊？該不會是想要學起來，避免媽媽收到你們的成績單或者是教官室的通知吧？

「才沒有！」哥哥妹妹異口同聲。

你們開學時，不是都有填寫聯絡資訊交給學校嗎？目的是讓學校找得到爸媽以及法定監護人，才不會錯過重要事項的聯繫。

同樣的，每一個國民都有義務去戶政機關登記「戶籍地址」，政府機關或者法院若寄送重要資料，都是送到這個法定處所的。

「為什麼？難道國家也要寄成績單給國民嗎？」妹妹很疑惑。

這可重要了！國民義務教育，是依據戶籍地定學區的。成年之後參與選舉，是依據戶籍地核定選舉區域、發送選票的。許多國民福利事項：例如發放各種的消費券、夜市抵用券，還有老人年金、幼童學費補助、甚至疫苗的施打等等，國家必須要確認國民的身分，以便確實寄送各種資料到國民手中，否則如何行使權利、享受優惠補助呢？

當然還有稅單、交通罰單（嗚嗚嗚媽咪常接到）、以及法院或檢察署的傳票通知書等等，都要確實寄送到國民手中，才能即時得知是否已盡義務，甚至申訴或抗辯，更要記得遵守期限。

「可是有時候需要租屋在外怎麼辦？像大學生住學校宿舍、或者長期出國的人？」哥哥問。

當然有方法啊！自己可以向政府機關陳報指定戶籍地以外的送達地址（辦公室或租屋處），或者因白天家裡沒人在，也可以去申請郵政信箱。現在大廈管理員代收的情況很多，更要隨時注意是否有重要文件必須親自收受。甚至派出所也會在戶籍地門口或信箱處貼有「招領文件」的告示，法院查封事件更會黏貼重要公告在門口。如果自己長期不在戶籍地，又沒有定期去看自家的信箱是否有重要文件，等到時間過了，才抗辯說沒收到資料、不知道期限等等，難道自己不用負責嗎？

尤其是收到類似法院的文書或傳票，如果擔心是不是詐騙集團的伎倆，可以上網站查詢，也可以親自拿文書到法院的訴訟輔導科詢問，當然，應該不會有詐騙集團笨到要你去法院見他吧？何況，接到傳票的人，得自忖最近是否有相關事件處理中。通常法院傳票或政府正式文書都是雙掛號寄到，要仔細看一下，到底是什麼事情？是車禍事件的證人身分被傳訊？還是自己擔任原告要對廠商追討欠款的案件要開庭？或是與公司有勞資糾紛正在訴訟中？曾經對於稅單的數額有疑問而申請復查？這些都有後續的法定程序要進行，得有心理準備。

至於，如果發信函或打電話通知你的帳戶被盜用，所以要派檢察官調查官到家裡，跟你一起去銀行領錢給他而且要保持祕密的，這種已經是上世紀就存在的詐騙手法，可千萬別再上當了。記得，政府機關倒底誰這麼有空，要把你的錢凍結起來拿去保管呢？

「那為什麼總是要求我把錢交給妳保管呢？」爸爸用報紙遮著臉，還是發出聲音了。

奇怪，難道有人質疑我是詐騙集團嗎？

「不是不是，我是心甘情願的。」爸爸乾脆討饒。

是嗎？那今天晚餐的碗筷，你就心甘情願地洗吧！我呢，要去翹腳敷臉聽偶像劉文正的歌了。

# 壓歲錢與保證金

農曆年近了，大人們一樣在忙無止盡的工作，等待愈來愈薄的年終獎金，哥哥妹妹可是心懷鬼胎，暗自竊喜。一方面可以藉著過年期間盡情違規放懶，萬一媽咪要發作時，趕快嚷嚷童言無忌，躲到阿公阿嬤後面；另方面又可藉著拜年機會，接受長輩們餽贈的壓歲錢。史上最強大金光黨出動了！

「ㄟ，你們要搞清楚，壓歲錢可不是都給你們的喔！」媽咪警告。

「為什麼？」哥哥妹妹抗議：「以前小時候不懂，一拿到紅包就喜孜孜地交給媽咪，以免遺失，結果一去無回。媽咪才是最大的詐騙集團！」兄妹聯盟出手，家庭大戰儼然要開始。

「你們這些錢，媽咪只是暫時幫你們保管，都存在郵局帳戶裡喔！等你們成年，或者是學業生活上有需要，媽咪還是會讓你們使用的啦！」譬如妹妹畢業旅行時，媽咪會給妳錢，記得要買特產紀念品回來（送給媽咪）。哥哥跟同學（咦、女的嗎？）

去看電影，媽媽也會（搥心肝）掏錢給你，讓你去喝飲料吃點心。想去兒童樂園玩耍，也會幫你們在悠遊學生證裡儲值。這些符合你們年齡需求、日常生活裡應該使用的錢，當然還是要讓你們學習自由運用啊！因為你們未成年，媽咪必須盡保護及教養的義務。真的講起來，如果你們去打工賺的錢，算是自己勞力所得，或純獲法律上之利益（例如阿公送的紅包），媽咪也無權擅自動用的。但是涉及未成年人財產的重大異動，法律上還是需要監護人的同意。當然爸爸媽媽的監督都必須要以保護未成年人為出發點，譬如我可不能動用你們的壓歲錢去買自己的包包啊！

「我們可以拜託爸爸送包包給你，妳心情好，我們就有好日子過了。」哥哥小聲而謹慎地說。

這孩子，怎麼這麼貼心呢？

這年頭，講到錢就傷感情。但是法律有關金錢、財產、費用的規定，如果弄不懂，不僅是傷感情，還會被詐騙集團誤導呢！

例如說，常常聽到某位犯罪嫌疑人，在偵查階段因為犯嫌重大，有逃亡之事實，或者有偽湮滅證據、反覆實施犯罪之虞的，這項犯罪又是屬於比較嚴重涉及公共安全的，檢察官會向法院聲請羈押。此時法院經過訊問程序，斟酌考量之後，情節重大者，會將犯罪嫌疑人或被告羈押（就是送進看守所）。但有時也會以命繳交保證金的方式，而通常輔以限制住居以及強制定時向警局報到，這時候，繳交到法院的保證金，就是國家暫時替你保管。這個目的是希望藉由這樣的強制處分，確保犯罪嫌疑人或被告以後遵期到庭，以便司法機關進行審理。如果棄保潛逃，保證金是會被沒收的。當然最後若是判決證明無罪，也會全額返還的。

「所以有錢人就一定不會被關囉！」妹妹疑惑？

當然不是這樣的啦！在決定交保金額時，會斟酌當事人的資力、所涉案情的嚴重性、造成的損害等等因素。無可奈何的是，有時候高額交保的案件，往往成為媒體頭條，不免讓人覺得正義好像可以用金錢來買或交換？其實動輒讓人暫時失去自由、或者命令提交保證金的方式，都是對人民的強制處分，必須嚴格遵守法律規定的。若是親友因涉案發生聲請羈押案件，必須依據正確的法律程序進行，也可以聘請律師到場為其辯護，但是一定不能相信司法黃牛滿口保證什麼他跟法官多熟，幫你走後門就可以交保這樣的鬼話。這也是另一種嚴重的詐騙集團喔！

「可是哥哥昨天晚上收我五十塊，他說保證不跟媽咪講我打破玻璃杯的事……」妹妹脫口而出。

吼～光天化日之下，這種事發生在我們家！媽咪瞪向哥哥，哥哥結結巴巴，退向門後：「我、我、我可不可以保持沉默，直到我的律師爸爸在場我再陳述？」

媽咪提醒你們，誠實是上策啊！如果你在法庭上擔任證人，無正當理由拒絕證言的話，是會被罰錢的（三萬元以下罰鍰）。明知事實又故意說謊的話，還有偽證罪的問題，七年以下有期徒刑喔！

動不動就提法律，你們可別打 113 專線控告媽咪，我真的只是機會教育，教育～喔！

與其說法律都在顯現威嚇警告的功能，毋寧說它是在明確提示法治基本的原則：法律並非毫無人性的一味禁止以及處罰，而是在國家與人民之間、人民與人民之間，維持一個彼此尊重、互不侵犯的界線與秩序。

況且，去法院也會有領到錢的時候喔！

「怎麼可能？」妹妹問。

記得上次導護志工阿嬤很無奈地被傳喚去法院作證，只因她是車禍事件的目擊者，本來她也不想去，可是媽咪勸她：作證是國民義務，可以協助真相呈現，避免冤枉好人或者縱放違規者。結果她忐忑不安地去，開開心心地領了證人旅費回來，還請你們吃抹茶蛋糕。去法院，不是這麼恐怖的事啦！

「喔～五百三十元，阿嬤有給我看，她把錢捐給慈善團體了。」妹妹記起來了。

是啊！想要利用法律程序，都要付出成本。例如申請戶籍謄本也要錢，使用公共設施（例如運動中心）要交入場費，提起民事訴訟也要繳裁判費、申請支付命令要聲請費，想去參與投標也要交保證金，正式請教律師也需要諮詢費、委任律師費……這些有關錢的事，從來就不是簡單的事。

使用者付費，是最簡單的前提。再來，謹記一個原則，政府機關的錢都有預算編列以及支出方法，檢察官在查國際洗錢案件，或者對欠繳健保費的人，衛福部及健保署都不會要你趕快去提款機將你的錢轉帳到國家監管帳戶。詐騙集團可惡之處，就在於破壞人民對政府機關的信任，讓大家陷入不知該不該相信的惶恐中，又怕自己違法被抓，又希望公權力展現保護人民財產的效用。如果法治教育健全，國民充分理解各項政府機構的權限與功能，就不會輕易地被騙了。

「哥哥，把錢還我！反正媽咪已經知道了。」妹妹理直氣壯起來。

是嗎？那妳打破的玻璃杯怎麼辦？

「唉呀，碎碎平安啦！媽咪大人大量，快過年了，不要生氣，會有皺紋喔！」哥哥妹妹口徑一致，「何況我們都好幸運，有全世界最好的媽咪，以後我們一定會乖乖聽話。」

怎麼搞的？被律師爸爸傳染了嗎？巧言令色。

要我不生氣，很簡單，過年大掃除，就讓你們三人負責到底吧！

## 被誤解的字

「好巧喔！」媽咪很開心，「我跟同學居然不約而同的去同一家餐廳。」

妹妹疑惑地問：「為什麼妳們不約兒童呢？那是不招待兒童的餐廳嗎？」

媽咪臉上三條黑線，是「不約而同」啦！

爸爸噗嗤一聲笑出來，「昨天遇到老同學，他邀我們全家聚餐，我答說『待返家詢問拙荊』。他年輕的兒子在一旁問，叔叔，你的老婆名字叫拙荊喔？」

「爸爸還叫我犬子，」哥哥也來一耙，「明明我屬馬。」

「全家只有我最值錢，」妹妹笑嘻嘻，「爸爸的朋友稱呼我千金。」

唉～這些被誤解的字啊！窗外的驟雨，彷彿是倉頡在天之靈的啜泣。人家造字是要促進人與人的溝通，傳承文化，怎麼讓你們拿來製造誤會呢？

前幾天新聞有報導，有位書記官去執行查封事件，地主在場，一聽到「查封」就瘋狂，硬是阻擋著不讓書記官離開，還吃上妨害公務的罪嫌。

「查封？是封什麼？」妹妹好奇。

簡單的講，查封是一種暫時保持現況的方式，多半是跟隨著假扣押程序（民事訴訟法第522條）或者為了實現權利所需。例如你借錢給朋友做生意，但是聽說他開始週轉不靈，店面已經關門許久，並且開始拋售生財器具，又買機票要出國……你怕他惡意脫產躲債，所以去法院請求以公權力維持他財產的現況：例如存款不能提領、房子不可以移轉過戶……等等，以確保他日後可以償還欠款。

「就像是一二三木頭人，喊一聲，全部都不能動，是嗎？」哥哥問到。

當然不是亂喊的啦！要符合法定條件、要釋明原因，原則上債權人還要提供擔保（民事訴訟法第523條）。等到法院判決確定欠債的人應該還錢，你認為他會在收到判決後，馬上主動拿著鈔票到你家門口嗎？

「如果欠錢的人都這麼乖，媽咪就不用這麼忙了吧！」妹妹貼心感嘆。

所以啊！在借錢給人的時候，要記得，醜話先講在前頭，如果有寫借據、找到保證人、設定抵押擔保等等，事後要討回欠款，又快又容易。如果事前因為臉皮薄、怕麻煩，明明有很多法律保護的方式卻不採，事後就不要埋怨法律不保護有權利的人，或者是法院訴訟程序太慢。

「那要怎麼去查封債務人的財產呢？」哥哥問。

例如有價值的珠寶或古玩藝品（這叫動產），是由執行人員實施占有，也有交付保管，或者貼上封標、烙印（強制執行法第47條），銀行存款則是由法院發公文通知，不准提領。至於土地或房子（這叫不動產），會用揭示或封閉的方式（強制執行法76條），例如在門上貼封條、土地上釘牌示，執行法院會先通知地政機關，在登記簿上註記「查封中」。

「所以我在冰箱的這杯珍珠奶茶，貼上封條，哥哥就不可以喝？」妹妹總是擔心食物被搶。

「那我房間的櫃子裡的鋼彈超人，我也要標示不准碰。」哥哥學以致用。

呵呵呵，你們若不乖乖做完家事，媽咪可是有權力把這些全部「查封」起來不讓你們動！

「媽咪好可怕～」哥哥妹妹搖頭嘆息，斜眼看到爸爸也點頭如搗蒜。

依法「查封」是一件正經事，沒有公權力的人是不准亂做的，所以書記官或者行政執行官都要隨身攜帶證件，使用官方的封條，而且會作成查封筆錄。大家千萬要注意，查封程序不會要你把存摺印章交給書記官，也不會帶你去銀行領款交給他保管，這是詐騙集團的老伎倆！

「還是不斷有人受騙上當。」爸爸皺著眉頭讀著報紙。

執行查封都是依據法院正式文書處理，如果真的遇到，不妨捫心自問：最近是否有債務糾紛？是否有欠人家錢？還是因為土地分割與人訴訟中？如果真的有質疑，可以到法院為民服務中心詢問，或者當場依法聲明異議（強制執行法12條），但不能夠像那位激動的地主，擋住書記官不讓他走，這樣是妨害公務及人身自由。

「我昨晚要跟兄弟們去喝啤酒吃宵夜，妳還不是擋住了？」爸爸碎碎念。

我是行使配偶的正當權利，為了維護你的健康，提醒你盡人夫人父的義務（以下不用再刪除任何字句，因為媽咪的決定就是最終的判決）。

「那新聞常常講的『雞鴨』又是怎麼回事？」反正食物以外的事，都無法引起妹妹的興趣，妹妹說：「阿嬤拜拜都要用雞鴨。」

吼～妹妹，這個「羈押」跟那個「雞鴨」不一樣啦！

檢察官偵查及法院審理，都需要時間，也要經過嚴密的證據調查程序。「羈押」就是避免犯罪嫌疑人或被告做出影響偵查或審判的行為（例如逃亡、湮滅證據、串供、再犯），才會暫時限制他們的人身自由，確保之後程序可以順利進行。

「所以羈押中的被告不一定有罪囉？」哥哥問。

「羈押」跟「有罪判決」是兩件不同的事，羈押處所是在看守所，不是監獄，而且羈押不是服刑，有期間限制的，不會無止境地羈押下去。服刑的被告，都是經檢察官偵查起訴，法院判決有罪確定，宣告刑期後，才在監獄執行。若被告事後確實受到有罪判決，羈押期間是可以折抵刑期的。

「婚前再多甜言蜜語，也不能折抵婚後的自由。」爸爸感嘆：「婚姻就是終身羈押，一延再延啊！」

媽咪瞪爸爸一眼，若無逃亡之意圖，何須擔心延押？

若法官認為無「羈押必要」，可以改為具保、責付、限制住居。因此「交保候傳」就是「交保釋金、等候傳訊」，只是法官認為沒有羈押必要了，而不是認為被告無罪喔！在判決之後，被告沒有逃亡或拒傳，保釋金也會歸還給被告的。

「原來保釋金是避免落跑，等於押金的意思。」哥哥恍然大悟。

「那聘金又是什麼意思？」妹妹又問。

嗯～這個妳可能還不用急著瞭解。我們不妨先來商量一下，最近你們家事都沒有做好，是不是也該「查封」一下零用錢啊？哥哥也應該在家「羈押」，乖乖念書準備期末考了吧？

「不行不行！」哥哥妹妹大驚失色。

爸爸二話不說，趕快起身拿垃圾去倒。

嘿嘿，你們兩個動作還不快一點？

# 情書與陳情書

新冠疫情期間，許多人都在家工作。對於法官而言，把工作帶回家，早已是常態。法官工作包括開庭、閱卷、評議討論，還有撰寫判決。哥哥妹妹小時候，我都得先回家餵飽嗷嗷待哺的他們，幫忙洗澡、唸故事書哄睡之後，自己才有一整段不被打擾的時光，濃茶加咖啡，劈劈啪啪地在電腦前將判決完成。

咦？爸爸在哪兒？

其實律師爸爸也有他的辛苦，高鐵根本就是他的捷運，南北奔波往返。辦理跨國案件，克服時差進行視訊會議，如家常便飯。四天來回美國的商務飛行、陪著臺商到非洲，穿西裝在沒有冷氣的法庭一整天，也都是讓他津津樂道的經驗。回憶起來，我好像比較常見到案件的被告，老公的樣子幾乎忘記了啦！

週末時光，在書房展開卷宗（當然之前有先研究過各大百貨公司母親節特賣活動），心不甘情不願地開始工作了。

「媽咪，妳在看什麼？情書？」妹妹湊過來撒嬌。

「是『陳情書』啦！」

法院訴訟程序，繁雜多樣，我國原則上沒有採取律師強制代理制度（就是人民一定要委任律師才可以提起各種訴訟），往往有人憑著印象，搜尋谷歌或維基之後，自己撰寫書狀，但畢竟不是專業律師，所以書狀千奇百怪，什麼「陳情書」、「中冤狀」、「案件奮鬥史」、「絕對誠實答辯狀」……都有啊！

其實，各種法定的書狀，法院官網上都有例稿可以下載，服務中心也可以索取，為了因應電子化現代生活模式，法院甚至也接受利用電子郵件傳送起訴書的方式呢！

「那爸爸寫情書給妳也是用這種方式嗎？」妹妹很好奇。

媽媽翻白眼，「我只有收過你爸爸寫的便利貼。」

媽媽念研究所時，已經在執業當律師的爸爸，偶爾會帶點心到學校「宣示主權」。有一次媽咪回到研究室看到桌上一盒炸雞，心中頗為甜蜜，但看到隔桌同學的眼光有點奇怪，遂仔細看盒上的便利貼文字：「送上一盒妳最愛的炸雞雞。」後面三個字還特別大！

惜字如金的律師爸爸，一失「手」成千古恨啊！

「當事人的狀紙，各種內容都有。」媽咪感嘆：「眼力退化、皺紋加深，都是因為這些文件。」有些很誇張的情況，例如：用電子郵件寄進來一堆檔案極大的文件，而其實內容與爭訟事件無關（可能是某個媒體評論文章、或者是當事人自己的歷史典故以及家族興衰史），不知道是否企圖用書狀海嘯來癱瘓訴訟程序？有些則是故意將文字縮小到如芝麻粒一樣，再用傳真方式遞送到法院收發，擺明著要加深法官及對造的近視度數。還有手寫的潦草字跡、不知所云的更多，這些都讓我們涕淚縱橫啊！

「老師說字很醜要扣分喔！」妹妹很緊張。

「唉呀，現在都用 LINE 告白，不會被發現字醜啦！」哥哥不以為然。

是嗎？那你的告白怎麼還是失敗了？（以下刪除一萬字少年維特的心事，哥哥慎重警告不可寫出來，否則誓言要登報斷絕母子關係。）

（不過母子關係可以這樣斷絕嗎？媽咪又要寫另外一篇文章來說明了。）

十二年國民教育的公民課本，教了很多法律的知識，但大家真的知道如何保障權利嗎？

譬如開車經過十字路口，對方闖紅燈，導致我方車損人傷。大家應該都知道要維持現場、報警、留下行車紀錄器、保留修車收據。然後呢？

我們可以聲請車禍鑑定，理性分析、評估利弊，先試行調解（向鄉鎮市調解委員會聲請），若無法達成協議，就考慮提出民事賠償請求（並要求保險公司協助）、也可以發動刑事過失傷害罪的告訴（記得在六個月以內），順便提醒警察要對肇事者開立交通罰單。雖然過程繁瑣，但最終可以確認賠償數額以及過失責任，也必須經歷這些過程的。

但是也有人會選擇另一種方式：爭取媒體注目和民意代表支援，鋪天蓋地，從總統府到監察院，寫陳情書處處申冤，彷彿有天大的委屈需要這些人來幫忙平反。

舟車勞頓、勞民傷財之後，可有仔細想想到底哪一種是尋求權利救濟的好方法呢？有沒有徹底解決問題呢？

「上次不過忘了買母親節禮物給妳，還不是到處去投訴說我有多不體貼……」聽到爸爸在書房門口碎念，我回頭瞪了一眼，有人趕快溜走。

「媽咪，真的有人不識字、不懂法律啊！」妹妹想到在街頭賣地瓜的阿嬤被警察取締的過程，忍不住為她抱不平。

「所以公民法律普及教育，真的很重要！」媽咪再度感嘆。

人民有受國民教育之權利與義務（憲法第21條）。國家要保障每個國民有上學的權利，但是國民必須瞭解現代知識的「義務」，也不容推諉。開車看到紅燈，一定要停止，是因為你知道自己生命寶貴，怕被撞，但也更是要顧及他人生命身體不會被闖紅燈的你侵害到。而「紅燈停、綠燈行」這件事，除非是一輩子都在叢林生活的泰山，身為國民，享受憲法保障各種權利的同時，也有義務要去知曉。不可動輒以不知法律為理由，推卸責任。

「可是法律這麼多，如何去查詢或瞭解呢？」哥哥也迷惘。

「你先把公民課本念熟再說吧！」媽咪忍不住嘮叨。

「法律是保護懂得法律的人」這句話，並不是說懂法律的人就可以藉由法律來欺壓別人、或是作為占便宜的手段，動輒拿法條來當作尚方寶劍，恣意揮動，不僅傷人也傷己。

「懂得法律」不是會背法條，應該是說，藉由教育讓國民瞭解法治，國家更要提供各種諮詢以及協助管道（例如法律扶助基金會、法律諮詢服務機構），讓人民可以容易使用法律，以獲得保障自己的方式。

當法治成為人民熟悉且認同的一種生活方式時，每個人都有公平的接受法律保護的機會，也都應該遵循實現權利的正當過程。國民也必須要與時俱進，保持對於法治制度的熟悉度。至於更專業的訴訟、或者是複雜的商業契約等等，專業的律師及法制人員，就是上場發揮功能的時候啦！

「專業的爸爸該出場了。」爸爸終於出現了。「明天母親節，媽媽好好休息，我們一起去漁港買海鮮，在海邊野餐慶祝母親節吧！」

嗯，爸爸總算懂得當老公的「義務」了。媽咪大法官，再度獲得全勝！

［法官內心話］

哥哥：「媽媽的辦公室跟她的衣櫥一樣亂嗎？」

妹妹：「趕快開門瞧一瞧！」

開庭時全神貫注，一邊翻閱卷宗一邊注意書記官筆錄內容，偶爾一抬頭，看見旁聽席陸續有學生入座，就知道又有公民科老師帶領學生來參訪法庭了。

課本上的文字敘述，轉化立體成活生生的現場，對於孩子們來說很新奇，恐怕很多成年人也覺得一輩子應該不會（也不想）踏進法院。可是，法院真的只職司審判的功能而已嗎？法庭總是劍拔弩張、互不相讓的戰場嗎？

國中高中的公民課本打開來，早就有完整地介紹法院的組織、法庭的位置、法袍的顏色，更有人權保障的制度演進，以及憲法基本權利、依法行政原則、行政救濟程序、罪刑法定主義、犯罪追訴等等司法程序。照理來講，要考試的科目，應該硬背死背也要塞入腦中才對。但在進行法治教育時，為什麼還是有學生會提問：「法官開庭頭上要不要帶一頂捲捲的羊毛假髮呢？」、「陪審團的座位在哪裡？」、「為什麼犯罪的人只要繳很多的錢就可以不用被關？」、「有錢判生無錢判死是真的嗎？」……唉唉唉，老師有在教，學生有沒有在聽啊？電影戲劇的誇張畫面，難道已經深植入孩子的腦海中了嗎？我們實在應該靜下心來，撇開聳動驚人的標題，跟孩子一起用心去理解法院的真面目。

看看我們的孩子們如何答題？這是大學指考的題目。

**（單選題：107 年大學指考公民與社會科）**

10、某官員甲被人檢舉收賄而遭檢察官起訴，偵查時有媒體向檢察官探知案情但遭拒絕；其後地方法院審理時，認為全案未有足夠明確的索賄證據，乃判決甲無罪。本案檢察官行使職權涉及的法律問題，下列敘述何者正確？

（A）檢察官拒絕向媒體說明偵查情況，侵害新聞自由，檢察官違反法律

（B）檢察官因有人檢舉而偵查起訴，所以本案係屬於刑事上的公訴程序

（C）偵查時如果沒有辦法取得甲承認有罪之自白，檢察官就不應起訴甲

（D）為保障被告甲之權利，如果經地院判決無罪，檢察官即不能再上訴

**答案：B**

這豈不是新聞媒體常常有的報導嗎？如果孩子們可以冷靜思索、仔細分析這些答案的正確與否，身為大人的我們，在評論或者接收某些議題之際，更應該暫時反芻一下、多觀察一下、多擷取一些資訊之後，再來做一個中立的判斷或結論。

對於檢察官、法官的角色與功能，還有偵查中的案件是否應公開、犯罪自白是否適合作為有罪的唯一證據、罪刑法定主義的內涵……這不是天高皇帝遠的事，這是現代人生活中，勢必要面對的真實情境。

再來看看，孩子們怎麼面對酒駕肇事的立法政策？

**（單選題：107年大學指考公民與社會科）**

11、為遏止頻繁的酒駕肇事，甲主張應立法增加鞭刑以處罰酒駕者，且應對曾經酒駕者追加鞭刑處罰，以維護公平。乙則反對以鞭刑解決酒駕問題，主張雖可維持酒駕刑罰，但應以教育宣導來提醒喝酒不開車，並鼓勵餐廳提供代駕措施，減低酒駕的發生。僅就甲乙兩人對酒駕刑罰的主張，下列敘述何者正確？

(A) 甲主張所依據的刑罰理論，與「死刑可遏止犯罪率上升」之主張相同

(B) 甲主張對違法酒駕者一律追加處以鞭刑，可落實罪刑法定主義的要求

(C) 乙反對鞭刑係因希望將酒駕行為除罪化，改以其他法律措施解決問題

(D) 乙主張仍可維持酒駕刑罰，顯示乙不同意「刑罰應屬國家最後手段」

## 答案：A

如果這些討論，都曾在學校公民課程中進行過，那麼，親愛的爸爸媽媽，當你們看到新聞又在報導酒駕肇事，是否除了叮嚀孩子千萬不要酒後駕車、注意交通安全之外，有沒有想要一起來探討刑罰的功能是否可以徹底解決酒駕問題？能不能一起想辦法設計科學儀器或車輛進化設施，來減損這種悲劇再度發生呢？

問題很沉重吧？但這正是現實社會所面臨的真實情況，除了熟背化學元素表或者數學方程式之外，這些跟生活息息相關的法律事件，更需要提早讓學生們思索，畢竟每一個人都會踏入社會，縱使堅守本位不犯法，也無法置身事外，以為這些事情都跟我無關。

認識法律，就從認識法院開始。

**延伸閱讀：**

一、司法院「圖說司法」（司法議題、法普小教室：看圖學法律、法律圖文包、法律教育動畫）

https://social.judicial.gov.tw/saylaw

二、臺灣臺北地方法院參訪申請須知

**申請時間：**預定參訪日前七日填載申請書以郵寄、傳真或電子信箱方式向本院預約。

**參訪人數：**每日上、下午各一梯次，每梯次以二十至五十人為原則。

※二十人以下歡迎於上班時間自行到院參觀，毋庸申請。

**參訪時間：**每週一至週五上午9時30分至11時30分，下午2時30分至4時30分，每梯次以1時30分至2時為原則。

**參訪內容：**專人引導並依情況安排下列活動：

設施參觀：為民服務中心、投標室（法拍動產、不動產）。

模擬法庭：介紹法庭席位布置及人員服制（視法庭使用情形安排）。

法庭旁聽：得自由進入公開之法庭旁聽，惟請保持肅靜。

影片簡介：視多媒體簡報室使用情形安排。

**聯絡方式：**文書科承辦人

電話：(02)2314-6871分機6107　傳真：(02)2375-7783

電子信箱：juin66@judicial.gov.tw

郵寄地址：10048臺北市中正區博愛路131號3樓文書科

<table>
<tr><td colspan="2">臺灣臺北地方法院參觀申請表</td><td colspan="2">承辦單位：文書科<br>聯絡電話：(02)23146871#6107<br>傳真電話：(02)23757783<br>（請於傳真後以電話向承辦人確認）</td></tr>
<tr><td>機關名稱</td><td></td><td>參觀人數</td><td>人</td></tr>
<tr><td rowspan="2">參觀日期</td><td rowspan="2">年　月　日</td><td>領隊</td><td></td></tr>
<tr><td>聯絡電話</td><td></td></tr>
<tr><td colspan="4">參觀項目</td></tr>
<tr><td colspan="4"></td></tr>
<tr><td colspan="4">以下由承辦單位填寫</td></tr>
<tr><td colspan="4"></td></tr>
<tr><td colspan="4">承辦人　科長　書記官長　行政庭長　院長</td></tr>
</table>

[ 法律Q & A ]

**Q：詐騙集團這麼多，我如何知道收到的法院傳票或者接到書記官的電話是不是眞的？**

A：請盡量查證。

（一）想想自己是否真的有案件正在進行中？你可能是證人（車禍當場有留下筆錄資料）、或者曾經對於交通罰單裁決書提出行政訴訟？還是使用信用卡有發生借貸糾紛？簡單地說，自己有沒有告人家？還是有被告？

（二）看清楚傳票上的記載，到法院或者地檢署或者行政機關的官網去查。

（三）對於到場的執行書記官的身分，合理且謹慎地查證（看服務證、請他提示公文）。無論是他要貼封條或者遞交書面執行命令，絕對不會帶你去銀行領款、又要保密不可洩漏。接到電話要你去ATM按號碼？馬上掛斷，打165反詐騙專線。

**Q：法院很大，不知道各個部門怎麼去？我想辦提存、夫妻分別財產制登記，我還想辦結婚登記、拋棄繼承，我還要去買法拍屋……**

A：看倌且慢~你的待辦事項好多，但請先弄清楚哪一件事歸法院管，哪些事情要到其他行政機關辦理。如果你進入十幾層樓的百貨公司，是不是也要先看看樓層分布表，才能夠查到你要去的專櫃呢？法院也是一樣的。

（一）提存要到「提存所」，夫妻分別財產制是到「登記處」辦理。

（二）拋棄繼承，請備妥文件，法院有提供「拋棄繼承聲明狀」書面例稿及提供下載（記得應於知悉其得繼承之時起三個月內為之），或本書「輯五」Q＆A第288頁詳細說明。

（三）結婚登記，是「戶政事務所」的事，離婚訴訟，才是「家事法庭」受理的案件（通常會先經過調解程序）。

（四）想要購買法拍屋：可由司法院網站進入網址：http://www.judicial.gov.tw（進入途徑如下：司法院首頁→熱門連結：公告、庭期查詢→法拍屋公告）

（法院委託臺灣金融資產服務股份有限公司辦理不動產拍賣之事件，請直接進入該公司查詢。網址如下：http://www.tfasc.com.tw）

## Q：難得上法庭一趟，可以錄音錄影照相留念嗎？

A：到此一遊打卡的習慣，到法院可能要稍微斟酌一下囉！

（一）法院雖然是公開的場所，但畢竟是辦公的地方，不是餐廳或旅遊景點。法庭上所有的當事人都是在進行嚴肅且攸關權益的重要事項，你拿著相機在一旁錄影照相，恐怕也會妨礙他人隱私。

（二）如果是依法申請的參觀法院行程，在帶領人員的許可之下，可以在某些特定的場地照相。如果媒體記者需要採訪，法院也會規劃出一個區域讓當事人可以暢所欲言，但前提是不可以影響法院運作。

## Q：進入法庭不知道該坐哪裡？什麼時候該講話？要帶什麼資料？

A：如果接到法院傳票，仔細看看被傳訊的身分是什麼。法庭上都有標示各個位置，也可以向各個法庭門口的庭務員詢問，線上也有查詢開庭進度的資訊。法院事務龐雜，也有在不同地點辦公，甚至跨區跨市，記得要看清楚確實地點，是簡易庭還是民事庭？是檢察署偵查庭還是法院辯論庭？傳票上若註記請攜帶證物，看清楚帶什麼（契約書正本還是現場圖、戶籍謄本還是存證信函），法庭上有錄音設備，開庭過程「全都錄」。書記官也會載明筆錄，當事人座位前面的電腦螢幕都會即時顯示（旁邊還配有老花眼鏡）。專心聽，仔細問，依據法官的訴訟指揮進行即可。

## Q：一定要聘請律師才可以打官司嗎？

A：我國雖然並未採取「律師強制主義」，一般的民事刑事案件，原則上不用聘請律師，自己就可以直接提起訴訟或去提起告訴。但是行政訴訟就必須要委任律師才可以，只有在例外情況下，非律師也可以擔任訴訟人代理人，例如稅務行政事件，可以由具備會計師資格擔任訴訟代理人；專利行政事件，由具備專利師資格或依法得為專利代理人擔任，但這都需要經過審判長許可（參考行政訴訟法第49條）。

律師是法律的專業意見提供者，可以評估分析以及給予法律上的建議，如果需要上法庭辯論，律師應該比當事人更清楚瞭解所有程序。刑事案件，面對檢察官的起訴，更需要可以平等對應的法律專家來協助。複雜的民事糾紛，律師可以幫忙整理證據、分析權利義務的狀況，案件的進行也可以更順利。

**Q：但我沒有錢可以聘請律師啊？**

A：財團法人法律扶助基金會 https://www.laf.org.tw/ 提供了免費的法律服務。通常需要審查當事人的經濟狀況，符合該會「無資力認定標準」者。但也有例外，不必審查財產所得，可申請法扶律師的案件如下：1.涉犯最輕本刑三年以上有期徒刑、高等法院管轄第一審之案件之審判程序。2.被告因神經系統構造及精神、心智功能損傷或不全，於偵查或審判程序無法為完全陳述。3.被告為原住民、於偵查或審判程序。

法律扶助是提供經濟弱勢者法律協助，以保障憲法賦予人民的訴訟權及平等權，全國各地均有分會，為社會上經濟弱勢的朋友解決法律困境。這是非常重要且稀少的福利資源，千萬不可以濫用。

**Q：如果是自己家裡或親戚有法律案件，到底要不要聘請律師呢？可不可以自己諮詢之後自己寫狀子、上法庭解決呢？**

A：如果感覺喉嚨疼痛、微微發燒，好像感冒了，有人可能就去藥局買個藥，或者是去附近小診所找熟悉的醫生解決。如果右下腹疼、噁心想吐、高燒不退，此時就要考慮趕快去大型醫院。又如果經過診斷，罹患較嚴重的疾病或者難以診斷出病因，那麼一定會想辦法前往醫學中心或尋找第二位醫生的見解。

同樣的，我們也必須考量法律案件的「嚴重性」、「急迫性」以及個案複雜度，審慎考慮是否聘請律師來處理。

車禍糾紛，修車費三千元，雖然很煩，需要請律師來出庭寫狀子請求損害賠償嗎？收到一張交通罰單六百元，實在很生氣檢舉魔人的無聊行徑，到底要不要去提起行政訴訟呢？買賣一棟價值二千萬元的房屋糾紛，其中涉及坪數不足、材料瑕疵等問題，要聘請律師去談判嗎？上市櫃公司改選董監事，選舉過程有疑慮，經營權的爭奪戰正在進行，該不該進行法律戰呢？

各種民刑事糾紛、行政爭訟，都有不同的法定程序在規範，雖然繁瑣，但這也是法治國家的特色，因為這些規矩是對全體國民都適用的。每個人在乎案件的程度都不一樣，當然願意付出的成本也不一樣。此時請好好斟酌評估並考慮，實在是無法一概而論的。

[輯三]

# 公平、自由與真假

# 世界上最遙遠的距離

暑假期間的遊樂園，是孩子的天堂，爸媽的地獄。

哥哥妹妹想要嘗試所有抗拒地心引力、違反人體工學的遊戲。媽媽很體貼，把這難得的機會禮讓給爸爸。尖叫聲四起，媽媽連忙掩耳逃離，去咖啡廳翹腳吹冷氣。

只見妹妹哭喪著臉走回來。

「媽咪，我身高不夠，不能玩。嗚嗚嗚～只不過差一公分。」

這真是世界上最遙遠的距離啊！一公分。

「可是，我在學校保健室量過，我是一百五十公分啊！為什麼到這裡就剩下一百四十九公分？」妹妹嘟嘴抱怨。

或許妳會想，通融一下有什麼關係？那個掛在雲霄飛車入口處的身高量尺，一定正確嗎？為什麼不是設定一百四十五公分？這樣子的規定，難道不是歧視矮子或侵犯孩子的「遊戲權」嗎？

哥哥重新回到地球表面，興奮地滿臉通紅，爸爸臉色鐵青、搖搖晃晃地跟在後方，嗯，先讓爸爸喝口啤酒壓壓驚，他的心臟應該是跳到喉嚨附近了。

「冰冰的啤酒？嗯，我也想試試看……」哥哥說。

「不行！你還沒滿十八歲。」爸爸斥責。

親愛的哥哥妹妹，很多時候，「規定」、「標準」、「法律」等等，像是一條線，區隔出「允許」與「禁止」的範圍，畫出「合法」與「違法」的邊界。但是，這條「線」要劃在哪裡？永遠是個難以抉擇的事。

雲霄飛車好玩刺激，但是因為有危險性，搭乘的人需要綁安全帶，所以必須一定身高的人才可以搭乘。決定這個身高限制的人，應該是考慮過車子的速度、重力、繞行引力的影響等等。否則，多一點人搭乘，不是可以賺更多嗎？為什麼要禁止身高不夠的人來玩呢？

再來，為了避免目測身高不準確，所以在入口處擺放量尺，每個人都一樣接受測量。這是「遊戲規則」，也是「安全守則」。有些經過隧道的雲霄飛車，還禁止一百九十公分以上的人搭乘呢？（可憐的姚明……）

所以，訂定身高的限制，不是在找妳的麻煩，更不是妳喊冤的「不公平」，而是基於保護顧客的作法，也維護整個遊戲進行的安全。如果每個人都說，唉呀差一公分，通融一下啦！那麼當你允許一百四十九公分的人進去之後，你猜會怎樣？

「那一百四十八公分的人就會說，我也要我也要！」哥哥搶著說。

是啦！所以說，「法律」（規則、標準）這條線，也會移動，也會改變。這個平衡點的微調，會跟著環境、人情、文化以及各種因素而變動。法律不是刻板僵化的，因為它是一個遊戲規則，是一個最大的公因數，用來保障彼此安全以及自由的界線，事先公布，讓大家可以預測並且遵守。

「我懂，就像是籃球比賽的規則一樣。」妹妹終於有點釋懷，不過爸爸買給她一大杯冰淇淋，應該也有關係。

「你們不要以為這一公分沒什麼。有人可是因為這一公分，奮力爭取聲請大法官會議解釋喔！」律師爸爸終於開口了。

「一公分也要打官司？」哥哥驚訝地說。

是啊！警察大學碩士班的招生簡章，規定了入學的條件，除了筆試、體能成績之外，還有身高體重等，並且規定以在他們學校的保健室測量結果為準。

有一位考生，因為差了一公分，不符合入學條件，無法就讀碩士班。

「結果呢？」妹妹急著想知道。

「這是屬於大學自治的範圍，大學自治為憲法第11條講學自由之保障範圍，大學對於教學、研究與學習之事項，享有自治權，除內部組織、課程設計、研究內容、學力評鑑、考試規則及畢業條件等外，亦包括入學資格在內，大學得以其自治規章，於合理及必要之範圍內，訂定相關入學資格條件，不違反憲法第23條法律保留原則之問題。」爸爸還沒講完，哥哥妹妹的眼神就開始渙散。

「白話來講，就是入學資格，在合理必要範圍內，大學可以視需要訂條件，不能說這樣就違法。」媽媽解釋。

譬如說，色盲的人不能考醫學院（開刀時血管與神經分不清楚怎麼辦？），體育系、音樂系學生需要通過更多的術科考試。這些條件，某方面造成入學的限制，但這也是因為科系本身的需求以及特性，不能說這樣就剝奪了其他人的入學權利。

「是嗎？可是醫生又不是只有開刀，也有內科、研究型的醫師，色盲真的有差嗎？」哥哥很疑惑。

「色盲者，一樣也無法參加警察大學的考試喔！大法官釋字第六二六號……」爸爸又開始了。

「如果有個警察，是電腦專家，可以破獲很多駭客犯罪，他不需要去指揮交通，紅綠色盲對他有什麼影響？難道這樣就拒絕了一個好警察來保護我們嗎？」妹妹吃完冰淇淋，腦袋突然清醒了。

你們的想法都很好喔！

科技進步，人類的生活形態也改變了，醫師、警察以及各種專家的功能與角色，應該要突破傳統思考模式。為什麼我們不分類分科，依據各個領域需要的專長，來招募需要的人才呢？如果百米賽跑十秒的選手願意來考警察，追緝犯人一定很快，卻因為他身高差一公分就不給他機會嗎？專長基因分析的學生，只因為色盲就不能夠獻身醫學研究領域嗎？

國家憲法保障每一個國民，有平等受教育的機會。這個「平等」，並非齊頭式的平等，而是給予每一個人立足點的平等，從不同的出發點，各自發展專長。

媽咪衷心盼望，一公分不再是世界上最遙遠的距離，色盲者也可以看到世界繽紛的色彩。

走！我們一起去搭旋轉木馬，在同樣高度的平臺上，眼花繚亂，七上八下。

讓我們一起度過各自精彩的人生。

# 創意還是仿冒

全家利用春假到東京自由行。在東京鐵塔附近人行道路口等待時，只見一行賽車隊呼嘯而來，是十幾輛的改裝卡丁車，身穿顏色繽紛服飾的駕駛，歡樂地向路人揮手。

哥哥好興奮，拼命拍照。

「這是什麼奇怪的車隊？」老古板爸爸覺得不可思議。

「這是電動玩具『瑪利歐賽車』中的耀西、庫巴……」哥哥回答。

原來是任天堂遊戲「瑪利歐賽車」的Cosplay，難怪那些駕駛穿著遊戲角色的服裝，簡直是將電玩搬上真實世界，真有意思。

爸爸瞇著眼睛看著車子後方的一排字，問：「有沒有經過任天堂玩具公司的授權呢？」律師爸爸真是職業病。

「這跟授權有什麼關係？」妹妹心不在焉的問，要趕快找到紅豆餅才是她的重點。

媽咪趕快上網查一下，果然是一個典型的著作權及不當競爭的案例。任天堂公司於二〇一七年二月對「MARI モビリティ開発公司」（MARI Mobility）提起訴訟，主張 MARI 公司把任天堂公司熱門電動遊戲「瑪利歐賽車」角色的衣服出租給客人，讓客人駕駛經改裝過後的卡丁車行駛於道路上，是侵害著作權及構成不正當競爭行為。

「哥哥，你看了這些車隊，會不會以為這是任天堂公司所提供的租車服務？」媽咪問。

「當然會啊！這些都是電玩的角色。」哥哥回答。「如果有海賊王的船航行在港口，讓我穿著魯夫、喬巴的衣服，我也會想試試看。」

「什麼海賊王？你上學都在學當賊嗎？」爸爸快要動怒。

唉呀，爸爸你不懂。如果有博物館提供怪醫秦博士的面罩與黑袍、讓你在手術室模擬開刀，或者是小叮噹的大口袋衣服與竹蜻蜓帽子，你也會想試穿試戴一樣。這就是角色扮演的樂趣啊！（沒辦法，只好舉古早的例子讓爸爸明瞭）。

如果你不是遊戲公司，要使用這些著名的遊戲主角，無論是平面或者立體，應不應該先付給公司「使用費」作為代價呢？之前有些鄉鎮，在公園裡豎立漫畫主角雕像作為拍照打卡景點，吸引遊客，但是卻沒有向原著作的公司爭取授權，這樣是違法的喔！

「那……我現在吃的 kitty 貓紅豆餅呢？」妹妹驚訝地看著手上咬一半的貓頭。

你們覺得呢？

若某一個商品銷售已久，達到相當著名的程度，讓人可以輕易地辨識出來與其他商品不同，通常都是投注許多研發、廣告、建立品牌形象的費用才達成的，如果有申請商標登記，更表示有專屬的商標權，其他人不可以隨便使用，也不可仿冒，或者從事攀附名聲的行為。

購買仿冒商品，既無法確認品質，也沒有售後服務及維修的保障，更會影響市場行情，其實消費者往往因此受害。

「對，正牌的遊戲王卡就比較貴。」哥哥說。

人類腦袋創意無線，智慧的結晶能促使世界進步。領先創意發想的人，如果受到保障，大家才有動力持續投入研發創造。但是太過保護，也會形成知識交流的壁壘障礙，這之間的矛盾與調整，就要考驗我們對於智慧財產的政策，該怎麼界定保護範圍及時期，既保護發明者或商標權人，也適度地使人類共享智慧結晶。

「如果沒有申請商標登記，是不是就不受保護了呢？」妹妹自創很多貼圖，「如果我的貼圖被人家抄襲怎麼辦？」

像是語文、音樂、音樂、戲劇、舞蹈、美術、攝影、圖形、視聽、建築，甚至電腦程式，這些著作，屬於著作權的範圍，一樣有法律制度（著作權法）的保障。沒有經過著作權人的同意，是不可以隨意使用或複製的喔！

「那我們畢旅晚會，在臺上跳舞的同學播放BTS的歌曲，也算侵害著作權嗎？」妹妹大驚。

我看，如果被BTS的成員告上法庭，妹妹應該心甘情願，最好判處隨他們世界巡迴演出，就算擔任搬運樂器的苦力，只要在偶像身邊，這樣的「無期徒刑」都願意吧！

「我願意我願意。」妹妹大喊。

首先，得釐清這些歌曲的「著作權」是誰的呢？（大概是經紀公司吧！）再者，不被傳唱的歌曲，還叫做歌曲嗎？當然有所謂「著作權的合理使用」範圍，否則我們不是隨時隨地在哼歌嗎？難道唱一遍就違法一次？

「嗯，要審酌利用之目的及性質，例如到底是為商業目的或非營利教育目的，還有著作之性質、所利用之質量，及其在整個著作所占之比例，以及利用結果對市場價值之影響。」律師爸爸又把著作權法第65條背出來了。奇怪，腦袋裝這麼多東西，怎麼老婆的生日禮物都常常忘記呢？

「對啊！不要小看那個 Tiffany 鑽戒店的藍色，那也受保護喔！」媽咪故意舉例提示，剛好逛到這家店門口，真是巧。

「咦，前面那個瑪利歐車隊的案子，結果如何？」爸爸也故意移轉話題。

媽咪只好繼續滑手機追查。

東京地方法院於二〇一八年九月，判決任天堂公司勝訴，MARI 公司必須賠償一千萬日幣。之後，MARI 公司在出租的卡丁車上面寫滿「任天堂は無関係」「Unrelated to Nintendo」（和任天堂沒有關係）的字句，用以表示他們的卡丁車真的跟任天堂無關。

代官山街道的洶湧人潮，一波波湧來。不知不覺中，錯過 Tiffany 店了。

「哥哥妹妹看路，不要失散了。」媽咪緊緊抓住爸爸的衣角，還是一家人在一起，去吃個迴轉壽司吧！太重的鑽戒戴在手上不方便洗碗，閃亮的項鍊掛在脖子，自己也看不到。

每個家庭的幸福，都是獨一無二的，無可仿冒，就心甘情願地享受屬於我們的幸福吧！

# 公平的太陽

「啊！好棒，你們自己起床不用我催。」假日一早，媽咪就開始大聲嚷嚷。

「客廳乾淨、書房整齊、衣服晾好，便當碗筷都洗好，桌上放著媽媽一直想要的限量包包、項鍊，還有一張紙條：『媽咪請跟閨蜜去看電影、做SPA，已經幫妳們預定好五星級飯店下午茶，傍晚爸爸會在餐廳門口等著接妳回家』。」媽咪繼續萬分感謝地說著。

爸爸在客廳故意裝很忙看報紙沒聽到，哥哥妹妹睡眼惺忪地從房間走出來，「……咦？媽咪妳在作夢嗎？」

不行嗎？母親節！母親節！我一年中就是這一天可以任性囂張、為所欲為，不行嗎？

母親像月亮一樣？開玩笑，這是以前的模範慈祥母親。現代的媽媽，就應該享有正常的生活，每天都要像太陽一樣，發光發亮。

爸爸起身想要拉上窗簾，大概受不了陽光的直射（與老婆的發飆）吧！

「別動！這陽光多麼可貴，有人可是要上法庭訴訟才爭取到的！」媽咪清清喉嚨，聰敏的哥哥趕快去倒茶，妹妹也開始搥媽媽的背。

「太陽有什麼好？每次朝會，站在操場上快被曬暈了，訓導主任還一直講一直講。」妹妹抱怨，「這時候都好希望老師站在我身邊，可以感受到一陣清涼。」妹妹的導師個子很高，顯然是支活動陽傘。

要珍惜陽光啊！如果你的房子隔壁要蓋一間摩天大樓，阻擋你原本可以享受到的陽光，可能導致陽臺上的向日葵不開、衣服曬不乾，怎麼辦呢？

「我的教室，就鄰接隔壁的大樓，光線真的暗了一點。」哥哥說。

喔？上課打瞌睡、下課打電動、中午吃飯狼吞虎嚥，教室有亮沒亮差很多嗎？

「媽咪有裝監視器嗎？怎麼都知道……」哥哥搔搔頭傻笑。

以前我們習以為常的自然現象，陽光，空氣，流水，青山，看起來是每一個人都可共享，但它們從來就不是無限量取用的，資源的有限性，也造成許多爭執與訴訟。

「惟江上之清風，與山間之明月，耳得之而為聲，目遇之而成色。取之無禁，用之不竭。是造物者之無盡藏也，而吾與子之所共適。」爸爸總算不背法條，開始吟起蘇東坡的詞。

唉！當初年幼無知的學妹（就是我）被這一招騙了，以為會欣賞詩詞的法律系男生一定比較浪漫特別。結果這免費的詩句就讓爸爸賺到一個賢妻，真是太划算了吧！

但是，回歸現實面，家裡柴米油鹽雖非小事，外在環境卻一定是大事。相鄰農地都需要灌溉用水，上游阻斷或攔截，影響到下游使用，公平嗎？想要改建房屋，建築超高大樓，遮蔽了鄰房原有的光線，合理嗎？自家的冷氣主機，掛設位置正對鄰居窗戶，沒問題嗎？每個人看起來都是在行使正當權利，卻偏偏造成對立的局面，甚至造成另一方的損害。這樣衝突矛盾的情節，不斷地在各個領域上演。

「對！哥哥總是先搶走大塊的蛋糕！」妹妹氣呼呼地說。

「可是我們不是已經改變方法，由妳來切蛋糕了嗎？」媽咪提醒。「就別怪哥哥先選，每一塊蛋糕的分界線可是妳畫出來的喔！」

每個人擁有一樣的權利，還是會產生重疊互斥的情形。近來常見的都市更新計畫，贊成拆屋改建的人，不能理解為何有人要死守古厝。想要蓋屋的人，主張蓋的愈高愈好，但是隔壁鄰居也不願意原本享有的陽光被遮蔽。雙方都是有「權利」的人，如果將自己的權利無限制伸張，可能會導致侵害他人權利的結果。此時，法律需要訂立一個合理的界線，或者說，法律，也只是盡量折衷、在符合比例原則的情況下，在兩個衝突的權利之間，找到平衡點。呈現在法條上的文字是「誠實信用原則」、「符合公共秩序、善良風俗」，看似抽象的規定，落實在生活中，例如建築法就規定：「一定高度之住宅區建築物，在冬至日所造成之日照陰影，應使鄰近基地有一小時以上之有效日照。」至於都市更新計畫，更要有公聽會、展示會以及權利交換的規定，開發計畫也需要通過環境影響評估的先決要件……還有更多更多細節性的法制規定。陽光雖然無私公平地普照大地，卻也無法避開山谷的陰影。法律雖然有強制力，但形式上確實也會造成限制某些人行使權利的結果。實質上，這已經是審酌各項利益之後，盡量達到平衡點的方式，所謂的公平，有時候也不得不採相對的解釋啊！

妹妹撒嬌地問：「那，媽咪，妳到底是比較愛哥哥還是愛我呢？」

咦？這有疑問嗎？我不是像太陽一樣公平地普照妳跟哥哥嗎？

「可是，妳每個月給我的零用錢，跟哥哥不一樣啊！這樣公平嗎？」妹妹終於吐露心聲。

「是嗎？」哥哥站起身來，高挑的身影遮蔽了妹妹：「等妳長的跟我一樣高的時候，再來談公平的零用錢吧！」

喂！今天是母親節，至少在我面前裝出「兄友妹恭」的樣子吧！
終於忙完看報紙這件大事的爸爸起身，「別吵別吵，我們一起去吃大餐，今天誰都不用進廚房，很公平！」

## 真的還是假的

哥哥打開冰箱拿飲料，一轉身卻撞到妹妹的頭。妹妹大叫，嗚嗚嗚蒙著眼睛哭起來了。

「少假了啦！才輕輕碰一下而已，誇張。」哥哥沒良心地說。

只見妹妹愈哭愈大聲，媽咪看狀況不對，連忙察看妹妹的額頭，果然烏青一塊。

「真的撞到了啦！」趕快冰敷，順便拿支巧克力雪糕給妹妹，果然她忙著吃就忘記哭了。

「我怎麼分辨她是真的還是假的？」哥哥狡辯，「妹妹每次都大驚小怪。」

「別隨便說人家假，有時候弄假會成真。」媽媽提醒。

「怎麼可能？」妹妹雖然哽咽著，卻也不忘記發表意見，「媽咪不是說過，仿冒是違法的嗎？」

媽咪是說，我們常常看到的「假處分」、「假扣押」、「假執行」，這些稱為「假」

的事件，是貨真價實、需要立即處理的法律事件。

這裡的「假」，不是仿冒的假，是「暫時」的意思。至於假結婚、假脫產、做假帳、假買賣真逃稅，這些可不能真的去做啊！

「媽咪好像在繞口令，聽不懂啊！」哥哥對於電玩的通關步驟琅琅上口，聽到這些就糊塗起來了。

譬如說啊！有人欠錢不還，債主雖然到法院起訴了，但是欠錢的人卻開始變賣房地產，私下把銀行的存款移轉給別人，訴訟尚未結束，還沒有拿到勝訴判決的債主，該怎麼辦？

「揪人去欠債的人家裡搬值錢的傢俱！」哥哥提議。

媽咪睜大眼睛瞪著哥哥。

或者，公司選舉董事長，明明選舉過程違法，可是號稱當選董事長的人卻開始用公司名義開支票、做大筆買賣，任意解聘員工……

「開記者會，控訴他是無良老闆！」哥哥很快回答。

媽咪心跳開始急遽加快。

又或者，房子明明不是違建，卻收到工務局的通知，說明天下午就要來拆除……

「請SNG車、叫記者來現場連線，用繩子把身體跟牆壁綁在一起！」哥哥激動地說到滿頭大汗、手舞足蹈。

媽咪已經快要暈倒了。

學校的公民課本有沒有教呢？電視新聞報導、各種傳播媒體，到底有沒有把「法治」這件事情傳達給每個國民心中呢？每一個社會事件，都與我們息息相關。在關注社會事件的時候，我們習慣以旁觀者的身分津津有味地在意聳動的故事細節，給予「壞人」最嚴重的譴責，或者罵一句「法律都保護壞人」、「檢察官濫訴」、「恐龍法官亂判」之後，當我們大人淺碟式的、情緒性的回應這些社會事件時，孩子們也在一旁觀望、學習、吸收、複製我們啊！

我們到底真正從各種社會事件中，學到了什麼？釐清了什麼問題？如何避免發生？檢討哪一個環節出了問題？該怎麼保護權利？

所以媽咪常常說，法治普及教育很重要，在國民基本教育的階段，就要讓所有國民瞭解法律，就算不懂細節，也能夠很方便的找到諮詢管道，貧困的人也有免費的法律扶助制度可以協助。

媽咪整天開庭處理案件，如果有機會，也常常到學校演講，就是希望讓大家瞭解，法律不是懸掛在牆上的冰冷碑文，它是解決問題的方法，也是符合人性的遊戲規則。在資訊爆炸的時代，「假」消息到處亂竄，傳播媒體更應該宣導正確的法律規定，提醒所有的公民。

「到底假的為什麼可以變成真的？」妹妹吃完冰棒，腦筋也清醒了。

而所謂「假」扣押、「假」處分、「假」執行，就是法律規定的可以「暫時」維持權利狀態的制度。這個「假」其實是從日文「仮」而來，就是暫時的意思，並不是最終局的權利狀況。

發現債務人脫產、公司經營權移轉有重大爭議、房子一旦拆除就無回復可能性，這些緊急狀況，在提起訴訟前，或者法院判決還未確定（尚在審理或上訴中）時，允許債權人聲請法院將債務人的財產先予查封扣押，或者讓公司董事長暫時不用交接，或者延後拆房屋違建的時間。

看起來是暫時維持現狀，重點是，必須符合法律的要件，而且通常聲請者需要提出一些擔保。

「既然是緊急狀況，為什麼還要擔保？」哥哥很疑惑。

任何制度的設計都有它的原因，法律不會只偏向保護權利的某一方，在判決確定前，需要兼顧兩邊的利益狀況，所以，債權人可以聲請暫時扣押查封，當然債務人也提供擔保免於被扣押查封。況且，我們也要避免濫訴的人，或者動輒利用這樣的方式干擾真正有權利的人。當然最後還是要靠法院正式訴訟程序審理完成後，才能確定權利真相（就是原告勝訴或敗訴的結果啦！）

如果擔心債務人脫產逃跑，就要預先採取措施。當初對這個人的信賴不夠，就不要借這麼多錢給他，或者就應該拋開面子問題，在事先就要求多層的保障（找保證人、找抵押物、設定擔保）。

如果借錢給人卻不要求寫借據，或者相關證物不保留，輕易地提起訴訟後，卻因為證據不足而敗訴，然後憤恨指責法律都是保護壞人，司法不公？這顯然都將個人交易的成本全部由國家來負擔，好像也不對喔！

法律是用來保護懂得法律的人，這句話的意思，並不是將法律當作威嚇別人的武器，更不可被統治者拿來當作「治人」的工具。反而是，每一個人都在法律的制度下，享受恰如其分的自由，這才是法治的意義。

「懂得法律」，不是說會背法條的人才可以享受法律保護，而是基本的法治觀念深植人心，人人都懂得主張，就會受保護。要不然，不是念法律系的人就活該被懂法律的人欺負嗎？

「我懂法律還不是被妳欺負！」爸爸忍不住出聲，剛剛被我差遣去倒垃圾，一副不甘願的樣子。

喂，男女平權，家事是家人一起分擔的事，別抱怨了。夫妻之間若是樣樣都提到法律，這樣子對嗎？

「我同學常問，妳爸爸媽媽在家裡要不要開庭啊？」妹妹說。

「要啊！剛剛哥哥敲到妳的頭，妳打算告哥哥什麼？要多少醫藥費和精神慰撫金？」媽媽開玩笑問。

「……不要啦！哥哥會幫我解數學題，畢業典禮也來獻花……算了，我原諒他。」妹妹總算良心發現。就不知道爸爸什麼時候也一樣良心發現，把所有的家事都一手承攬過去啊！

# 法不入家門

翻開日曆，轉眼又是九月了，記得二十幾年前，媽咪也是在這樣的季節披上白紗，牽著爸爸的手，走上紅毯，一步一腳印，既是遲疑又是興奮，婚姻的道路，就這樣展開嗎？

致詞的教授苦口婆心告誡：「新郎新娘啊！一個是法官一個是律師，記得在家裡千萬不要提到法律。」

媽咪謹記在心，切實遵守。我們整天工作都混在法律堆裡，回到家還要講到法律，人生不是太單調了嗎？

「那我們出生之前，你們都聊什麼？」妹妹很好奇，「像現在一樣：妳嘮嘮叨叨一邊講一邊瞪爸爸，爸爸默默不回答然後繼續翻報紙嗎？」

爸爸咳了兩聲，媽咪遂去冰箱拿一罐啤酒，重重地放在爸爸前面的茶几上。

「怎麼會呢？我們都有充分的『溝通』。」媽咪解釋，「大多是聊聊這樣的話題：『第一條：你的私房錢全部拿出來。第二條：歷任女朋友（有嗎？）的情書全部拿去銷毀。第三條：聚餐時記得要幫我夾菜舀湯。第四條：每年都要送結婚紀念戒指。第五條……』」媽咪扳指頭開始數。

「這都是媽媽立的法啊！」哥哥驚嘆！只見爸爸從報紙細縫中跟哥哥交換一個「兄弟你懂我」的眼神。

不行嗎？誰說法律只有立法院可以訂定？有些「法令」，就是一種事先講好的遊戲規則。例如買賣供貨契約、公司併購契約，涉及多人的還有社區管理規約、社團章程、學校學生自治規則，還有國際公約、雙邊貿易協定……都是一種共同協商出來的「規則」，大家都遵循，建立秩序。例如買賣可以預先說好解約條件、退款方式。又例如在多數人的團體（公司、社團、社區大廈），組織結構、決議過程、選舉罷免方式等等，都該先公告周知，且讓參與的人可預測，各個程序只要依據規定，參與者就不可以事後爭執，兩手一攤找藉口說：「你事先又沒有說、我怎麼會知道。」

媽咪故意深情地看著爸爸，「說好的每年結婚紀念日戒指呢？」爸爸繼續翻報紙，頭埋的更深了。

「這些私下立的『法』或『規則』，真的可以有效嗎？」哥哥問。又來幫爸爸解套了，你們真是父子情深哪！

就像你打籃球，上場的選手一定都瞭解打球比賽的規則，例如籃下不可三秒、帶球撞人是犯規……等等。這些規則，應該要讓人明白，一體適用。又譬如交通規則，也要讓人民理解：路邊紅線、閃黃燈、圓形限速標誌、單行道指示的意義，以及違反規定的處罰程度。

某些規則，在特定的團體裡，更有它的制約作用。像公司經營，有「公司章程」，規定股東的權益、選舉董監事、經理人職權範圍、發行新股或增資的要件等等。住戶社區也常常規定停車位置、資源回收場地、育樂室借用時間等等，總之，在不違反國家法令以及公序良俗的情況下，公司章程、社區管理規則，甚至政黨的設立理念，政府都不該干涉過多。只要是參與這個團體裡的人，事前知悉，就算要更改調整，也要依照程序，等於是大家說好一起遵守的「法」，也是維持社會運作正常的重要因素。

「那我可以再喝一瓶啤酒嗎？這也沒有違反善良風俗啊～」爸爸打個嗝，使喚哥哥去幫忙再拿一罐給他。

「人民雖然有自我的空間，不需要政府介入太多。」媽咪回答，「不過某些法令還是有著強制規定，例如股東會出席人數、表決權數、勞動基準法對於工資、休假、職災補償等等規定，彷彿是籃下禁區，要小心避免犯規……」

「但是還是常常看到有爭執啊！」哥哥說，「公寓大廈的區權大會住戶都在吵架、公司派市場派也告進法院，就連我們棒球比賽都會有爭執。」哥哥還是掛念著上次輸掉的哪場比賽。為了一個滑壘是否得分，雙方隊員差一點演出全武行。

是否上壘或者遭封殺，當然是尊重裁判的判斷，現在則有影像紀錄可以挑戰。這些都是科技進步的結果，可以讓事情進行更順利，留下證據，避免事後爭執。無論簽訂何種合約或是自治規則，都有一定的程序以及協商過程，最後定案時，以「書面」方式存證還是絕對必要的。就算人類都已經到了外太空旅遊，視訊會議無遠弗屆，「紙張」還是有它不可或缺的證據價值，錄音錄影作為輔助紀錄，也是一種強而有力的證據。

例如二十幾年前媽咪剛當法官時，法庭上所有程序的進行，要靠書記官在筆錄上詳實記錄，可是畢竟不是逐字記錄，當事人也無法現場看到，所以往往會有爭執。例如詢問證人，是否某日有看到被告在場？證人回答說「好像有，可是……」，結果原告被告聽到的內容不一樣，書記官的記載又該如何取信於雙方呢？

現在的法庭活動，則是有全程錄音，加上筆錄電腦化，書記官們個個都是打字記錄高手，當事人、證人都可以在座位席前的電腦螢幕上看見案件進行的流程。不再有說「是」被記錄成「不是」的爭執。

「爸爸上次說過要送我生日禮物，隨便我選。」妹妹撒嬌提醒。只見爸爸攤在沙發上，報紙蓋著頭，好像發出鼾聲了。

媽咪只在意，當初爸爸求婚時講的話，媽咪竟然忘記錄音。當初答應的，現在都裝糊塗。明明說好要養六個小孩，偏偏三催四請才願意生兩個（還差一點告進法院強制執行）。說好會體貼照顧讓我開心，現在卻是丟三落四讓我變成潑婦罵街的歐巴桑……

「在我們家，大家都充分享有自由。」爸爸突然醒了，「在媽媽允許的範圍內，大家都是自由的。」

咦？什麼時候有這麼精闢的自覺？

「從結婚那一天開始，我就知道是無期徒刑了。」爸爸喃喃自語。

你是最幸福的受刑人，還挑剔什麼？快去掃地。

# 你的自由？我的自由？

端午節快到了，妹妹最愛的粽子節。

「妹妹，妳知道端午節不只是吃粽子吧？這是詩人屈原……」媽媽試圖要置入性行銷各種可能的考試內容，妹妹馬上打斷：「唉呀我知道我知道，他是詩人，跳河之前留下的遺書，國文課本都有啦！」

妹妹打開阿嬤包的粽子，大口咬下。

「媽咪，為什麼我們很多節日都跟吃的有關？清明節的潤餅是因為不能開火、七夕的湯圓上有個小洞要給織女裝眼淚、中秋月餅裡面塞紙條是因為要造反……」

好像真的耶！民以食為天，原來是這個意思。管你皇帝換不換，愛情來不來，重要的時刻，先吃了再說。

「吃東西當然很重要！」哥哥強調，「班上幾乎每一節課都有人在喊餓。」

青少年的胃，是宇宙中最可怕的大黑洞，永遠無止境。不過，爸爸媽媽都很開心地往這黑洞傾倒食物，「能吃就是福」，這是阿公阿嬤從前就一直強調的。

不過有些地方，不是想吃就可以吃喔！譬如搭乘捷運、疫情嚴峻時期的高鐵，還有，法庭上、醫院診療間、藝廊、電影院……

「電影院？」哥哥無法接受，「最大的享受就是去電影院吃爆米花、看漫威英雄片啊！」

（「等到你帶著女友去電影院時，看你敢不敢大口吃爆米花。」媽咪心中冷笑。）

話是沒錯，但是你們有沒有注意到，電影院入場都有標示：某些食物不可以帶進去，例如味道特殊的（臭豆腐）、發出聲響的（瓜子、脆餅）……

「可是影城內販賣店的食品都可以帶進去啊！」哥哥想到。

你知道嗎？電影院與消費者還曾經為這件事，到法院打官司呢！

「媽咪，你們法院連這種小事也要管？」妹妹實在驚訝。

媽咪管很大，這世界上唯一管不動的就是老公。妳以後就會知道，男人一旦從男朋友成為老公，根本就像外星人，以往的甜言蜜語不再，胡扯藉口一堆，當初隨叫隨到，現在推拖拉……（以下刪除五萬字）

消費者會想，我愛吃什麼是我的自由。電影院則是要維持觀賞品質，不得不管制。想像一下，當英雄奮戰的最後一刻、你感動到快流淚時，旁邊的人在嗑瓜子、大口咬著臭豆腐、窣窣地吸著珍奶……

此時，「自由吃喝」跟「安靜觀看電影」的權利，好像就有了衝突。你的自由妨害到我的自由，怎麼辦？

「……進電影院，主要目的應該是看電影。」哥哥想想，「是不是該探究提供這個場地的目的呢？」

（「對啦！那你可不可以想想，教室是你上課用的，還是打瞌睡用的？」媽咪硬生生吞下一定會被翻白眼的嘮叨。）

許多餐廳外寫著「請勿攜帶外食」，不也是一種飲食限制嗎？「禁止寵物進入」、「恕不招待十二歲以下兒童」……這些都是預先設下的條件，如不接受這樣的條件，消費者就別進去用餐。因為也有其他餐廳，提供寵物特餐、兒童遊樂專用區域、接受攜帶外食但酌收清潔費等等。不同的條件，只要事前說清楚，各取所需，餐廳、客人都開心。這就是「契約自由原則」的真諦，雙方當事人基於理性的決定，依據自己的自由意志選擇，共同決定提供消費的模式。

法律規定也是一樣的。所有的法令規章，一定要讓人民清楚瞭解。有沒有限制人民自由？為什麼限制？條件是什麼？救濟的管道在哪裡？「不教而殺為之虐」，老祖宗早就提醒我們了。「不教」當然是國家的疏失，「不受教」好像是國民的責任了喔！

「可是有時候會不小心違規嘛～又不是故意的。」妹妹撒嬌。

對啊！如果故意違反規定，就是犯法。可是，難道法律的目的，就是提醒大家不要成為罪犯嗎？法律真的就只能像一把利刃的劍，畫出對與錯的兩邊？善與惡的分界，真的是法律說了算嗎？

如果法律只是一種統治工具，把它當成一個威嚇的手段，人民避之唯恐不及，僅僅因為避免被罰而不得不遵守，而且還希望可以碰運氣不被抓到，就算被抓到也要想辦法硬拗，或者走後門求得赦免……

「媽媽在我們家就是唯一的法律。」哥哥白目回應（隱約聽到書房內的爸爸擊掌聲）。

說起來，法律就是在維持一個自由的界線。你自己希望有多少不被打擾的空間，其他人也跟你一樣。「不妨礙他人的自由」，法律只是試圖畫出一個合理的界線罷了。

「像爸爸現在窩在書房放空一樣嗎？」妹妹低聲詢問。

什麼放空？假日在家也不會幫忙做一點家事？有沒有一點男女平等的觀念……

（以下再度刪除兩萬字以及降低音量）。

「媽咪，妳上次說有人登報脫離親子關係，是怎麼回事？」哥哥趕快移轉話題。偏偏這問題像是提油救火，感覺他跟爸爸是同一國的……算了不跟你計較。

以前網路尚未發達的時代，紙本的報紙，是傳遞訊息的重要平臺，還可以帶動政策討論，提供各種知識的功能。報紙頭版右側下方，那一格方塊文字，當然是吸睛的焦點。

刊登「脫離夫妻關係」、「斷絕親子關係」的公開聲明啟事，真的可以撇清或不再有法律上的關聯嗎？

「感覺在昭告天下。」妹妹想想說。

法律上的關係，不是說斷就斷的，就算雙方說好，也不當然算數。例如結婚、離婚都得到戶政事務所登記。親子血緣，無論是自然形成或者收養成立，也不是隨便就可以中斷，就算是要請求免除扶養義務（民法第 1118 條）或終止收養（民法第 1080 條、1081 條），都有一定的程序及規定，不是登報紙就夠了喔！

「刊登求婚啟事會不會比較容易成功？」哥哥問。

婚姻也是契約，要雙方合意才行。當然也有溫馨的「結婚啟事」啦！以前海外留學生結婚，就用這種方式告訴國內的親友。

「ㄟ你們以後結婚，一定要讓媽咪參加。」媽咪超前部署，先警告。

「媽咪想太多了啦！」妹妹始終堅持不婚主義。哥哥卻考慮潛水結婚，雖然他的新娘不可能是美人魚。

「是誰要結婚？」爸爸從書房出來，疑惑地問。

是你頭昏了吧？你已經享受夠自由了，週末的晚餐，就請爸爸負責去採買準備。我呢，在客廳沙發翹腳追劇，盡情吃臭豆腐、大聲喝珍奶，媽咪要享受一個人的自由了！

# 誰該遵守比例原則

週六上午起床後，看到廚房水槽內油膩碗筷仍在。媽咪怒火中燒，扯開喉嚨開始獅吼……

「哥哥，你昨晚忘記做什麼?!」

咱們的家規，哥哥是負責洗碗的。

「這禮拜別想拿零用錢！今天下午不可以出去打球。」媽咪立即發布隔離禁令。

原以為哥哥會呼天搶地、哀嚎懇求、再三保證不會再犯……

只見哥哥從房間出來，冷靜地說：「我要聘請律師爸爸幫我爭取。你可以罰我這個星期不能領零用錢，但是不能禁止我的人身自由。」

是嗎？媽媽祭出家規十二條，當初你們都有在上面簽名，對於獎懲要件，大家都願意遵守的。

「但是對於『沒有做家事』的懲罰，並沒有『假日禁足』這個規定啊！」哥哥仔細研讀之後，賊賊地回應。

「家規最後一條：以上若有其他不足應補充者，以媽媽說的為主。」媽咪咬牙切齒回答，「更何況，民法第1085條：父母得於必要範圍內懲戒其子女。」

眼看著家庭大戰即將爆發，爸爸趕快把報紙放下，「ㄟㄟㄟ，有事好好溝通，不要動不動就提法律。」爸爸擠眉弄眼對哥哥妹妹小聲地提醒：「去泡茶給媽媽喝，妹妹快去捶背。更年期的女人不要隨便惹……」

真是感謝爸爸提油救火，剛好讓我發現昨晚的垃圾也沒有拿出去倒。你們是約好一起讓我血壓增高嗎？

「媽咪別生氣啦！我只是剛好讀到『比例原則』，說不可以拿大砲打小鳥。我也不過遲延洗碗一次，怎麼可以處罰我這麼重。」哥哥拿著公民課本出來，假裝很認真地請教。

看在你願意讀書的份上，讓媽咪好好教你什麼叫做比例原則。

「我知道，就像是75c.c.的酒精，加上25c.c.的水，就是消毒酒精的最好比例。」妹妹趕快湊一腳。

嗯，防疫觀念很對。每天進教室有沒有徹底洗手消毒呢？

消毒酒精的比例，是依照需求調製的。正如同法律上所謂的「比例原則」審查，是指手段和目的之間，是否維持一個合理的程度。例如，要打樹上的小鳥，卻使用大砲，可能目的是達到了（抓到鳥），但是可能連整株樹木都毀了。而且大砲的成本太高，應該可以選擇使用彈弓網子等其他方法。比例原則，算是法學界的金科玉律，蘊含著的本質，其實在宣示著：法律既然是一種大家遵守的遊戲規則，是用來遵守維持各種自由的界線，就必須要合理、有效，且不能強人所難，違反人性。

想一想，如果政府要達到禁止亂倒垃圾的目的，可以選擇幾種方法呢？

「罰錢！依照垃圾的重量處罰。」哥哥提議。

「各個巷道轉角裝設監視器，讓里長監看。」妹妹也說。

「抓到三次以上，就罰去焚化爐做三天的工。」哥哥又突發奇想，「關一個月不准出來！」……

好好好，你們這些主意都很不錯（可以讓我用來對付總是忘記去倒垃圾的爸爸）不過真的要制訂法律，就要思索到：既然目的是要禁止亂倒垃圾影響衛生，手段上要選擇最有效的方法，也不能侵害其他的權利，還要有合理的成本考量。如果亂倒垃圾就認為違反刑法，要關一個月，顯然過當。如果亂倒垃圾一公斤就要罰一百萬元，也失去了相當性（如果是有毒物品，另當別論）。

「所以誰來決定使用什麼手段呢？又怎樣才算合理呢？」哥哥很疑惑。

違規行為究竟要罰錢就好（行政罰）、還是要動用刑法（刑事罰）來懲處，都是必須有法律明文規定。並不是每個行為都要用刑罰來威嚇或者重懲（而且也不見得有效），執法的成本以及效果，都必須在立法時審慎考量，刑罰是具有「最後手段性」的，千萬要謙抑為之。

「妳還不是常常給我最後通牒，當初說什麼再不娶妳就要去嫁別人、生日禮物如果不送就別想有好日子過……」爸爸一邊碎唸，一邊趕快把垃圾拿出去。

「因此我們選出的立法委員很重要！」媽咪心中OS：比選老公還要重要。法律的制訂都必須依照憲法宣示的最高原則，民主制度下的法治過程，都必須攤在陽光下。

「如果人民懷疑某個法律違反憲法呢？」哥哥翻了翻公民課本，看到「違憲審查」幾個字。

以今年的新冠疫情來說，衛福部對於罹病者以及確診者，採取隔離的措施，你們覺得合理嗎？

「被隔離的人很可憐……可是為了阻絕傳染蔓延，好像是必須的。」連妹妹也不得不仔細思索這個問題。

最近電視上不斷地播放二〇〇三年SARS事件的回顧與檢討，這是一件臺灣公衛史上的大事件，犧牲了許多勇敢盡責的醫護人員以及協助醫院事務的人。

當初和平醫院發生院內集體感染，臺北市政府召回院內醫護人員集中隔離，有一位醫生未依照時限返院，被記了兩個大過，停業三個月，處罰二十四萬元。這位醫生不服，提起行政訴訟，敗訴確定之後，他認為這個隔離舉措剝奪人身自由，違反法律明確性、正當程序及比例原則，進而聲請大法官做憲法解釋。

「隔離政策跟大法官解釋有什麼關係？」哥哥不懂。

憲法保障人民有遷徙及居住的自由，沒有正當理由，國家政府不可以限制人民的人身自由。當初疫病期間，主管機關採取這樣的隔離措施，依據是傳染病防治法第37條第1項：「必要時得將與傳染病人接觸或疑似被傳染者，另遷入指定處所檢查或施行『必要之處置』。」大法官終究認為，隔離目的不是出於拘束人身自由，而是避免疫情蔓延，降低社會損害的重大公益，同時維持受隔離者的生命及身體健康，除此之外，沒有其他侵害較小的方法，屬於必要性的手段（釋字六九〇號之後，主管機關已經制定許多隔離治療作業流程等辦法，兼顧人身自由與公益）。

「因此，我讓你隔離在家，好好反省自己的所作所為，是一種必要性的手段。」媽咪再次強調。而且，在我們家，媽咪就是大法官，我說了算！

哥和爸爸無奈地搖搖頭，一副受難者的模樣。

呵呵呵，就讓我在家裡享受這獨裁者的春天吧！

[ 法官內心話 ]

哥哥：「公平與自由，到底誰說了算？」

妹妹：「聽媽媽的話就是了。」

「你們每個月要處理多少案件呢？」、「一個案子要辦多久？」「辦過最難忘的案件是什麼？」「有沒有現在想起來後悔的案件？」「怎麼決定刑度？賠償金？緩刑還是易科罰金？」……

各種問題，在法官生涯中，最常被問起的，絕對不只這些。法庭上每一個案件，對於當事人而言，都是他此生唯一的案子。但是，對於法官而言，這可能是這個月處理的五十個案件之一。殘酷的事實就是，每天進入我們桌上的案件，是源源不絕的。像走馬燈一樣，呈現在我們面前的，是當事人一輩子裡的某一個階段，我們能處理的，也僅是這一段。

判決的結果，牽涉到每個當事人的過去、現在與未來。「你的過去我很想知道，你的現在我正在參與，你的未來我更是謹慎」，這是我面對每一個案件的心情，但是世界上真的有絕對的公平，絕對的標準嗎？合法與非法，真的可以用一條線劃下嗎？這個標準難道不會隨著時間演進、社會變遷而有移動？行經十字路口，大家都知道要遵循燈號通行，保護自己，也順讓他人。權利的行使也是一樣，極致的主張自己的立場，往往會與他人的權利產生扞格。此時衡量利益、斟酌輕重，就要靠大家都願意尊崇的規則來主導。而法律，正是一個可以事先討論磋商過程中，得到的結論。

是否將行使選舉權的年紀降低兩歲？從來都不是簡單的問題，要不要跟孩子討論一下呢？

**（單選題：105 年大學學測社會科）**

7、最近社會大眾討論是否應將我國選舉權的年齡降至年滿十八歲。根據現行法規，欲修改此項投票年齡門檻，必須透過何種程序始能達成？

(A) 可直接經由舉辦全國性公民投票決議通過
(B) 須經由中央選舉委員會決議之後公告實施
(C) 行政院透過內政部頒布行政命令即可實施
(D) 須經我國修憲的程序才可將投票年齡降低

**答案：D**

您答對了嗎？我國憲法第 130 條規定：「中華民國國民年滿二十歲，有依法選舉之權。」任何法令的調整或改變，需要整體的政策考量、思辯、公民意見的交流，甚至還要動用到修改憲法的程序。怎可不慎重以對。

人類的心靈比浩瀚無垠的宇宙還要深遠，透過人類心智活動所創造出來的具體成果，例如詩、歌曲、繪畫（這是著作權），某種新發明的機械工具裝置（這是專利權）、長久經營下來的註冊品牌（這是商標權），都是「智慧財產權」的範疇。要鼓勵大家創作，就要給予一定的保護與鼓勵，例如商標權經過國家登記就可以獲得保障，要使用著作權就要付費給創作人或著作權人。但是若過度保護的結果，又無法促進創新與共享，因此，適當的權利保護期限、合理的收費制度，就可以同時鼓勵創作又增進大家的福利。當然，仿冒是剽竊他人的成果，萬萬不可。

至於隨手拍攝的照片，到底會不會涉及他人的隱私？又該如何合理使用呢？人人都是攝像者的時代，真的要好好思索智慧財產權的本質與規範喔！似是而非的觀念，有時候反而讓自己綁手綁腳，快快釐清一下吧！

**（108 年大學指考公民與社會科）**

**單選題：**

14、下列關於我國法律對於智慧財產權的保障制度，哪一個說法不正確？

（A）必須依法申請註冊、取得商標權之後，才能受到商標權的保護

（B）兩人同時發明了相同技術時，先申請的人可獲得專利法的保護

（C）著作財產權在完成創作後即享有，直至著作人死亡時方告消滅

（D）擅自將他人創作的小說公開發表，將會侵害作者的著作人格權

**答案是：C**

**多選題：**

46、甲競選連任某縣縣長時，乙為甲站臺助選。若干年後即將卸任縣長之甲轉換跑道改為競選立法委員，與乙成為競選對手，甲將當年乙為甲站臺助選之新聞照片（係他人拍攝）印製在競選海報上，且冒乙簽名。依我國相關法律，下述何者正確？

（A）甲未經照片拍攝者同意，將該照片刊在甲之競選海報，涉有侵害照片拍攝者

著作權之疑慮

（B）乙往昔為甲站臺助選之照片既屬公開事實，甲公開使用該照片尚無侵害乙的隱私權之疑慮

（C）甲未經乙之同意，其競選海報刊載當年乙站臺為甲助選之照片，應屬明確侵害乙的著作權

（D）甲雖未經乙同意，仿乙之簽名，刊載在競選海報上，因屬競選活動，尚未侵害乙的姓名權

（E）甲明知乙是立委競選對手，競選海報卻刊出當年乙站臺為甲助選之照片，易使選民誤以為：乙是假參選，真護航甲，而可能損及乙之名譽權

**答案：ABE（有沒有跟你想像的不一樣？）**

## [法律Q & A]

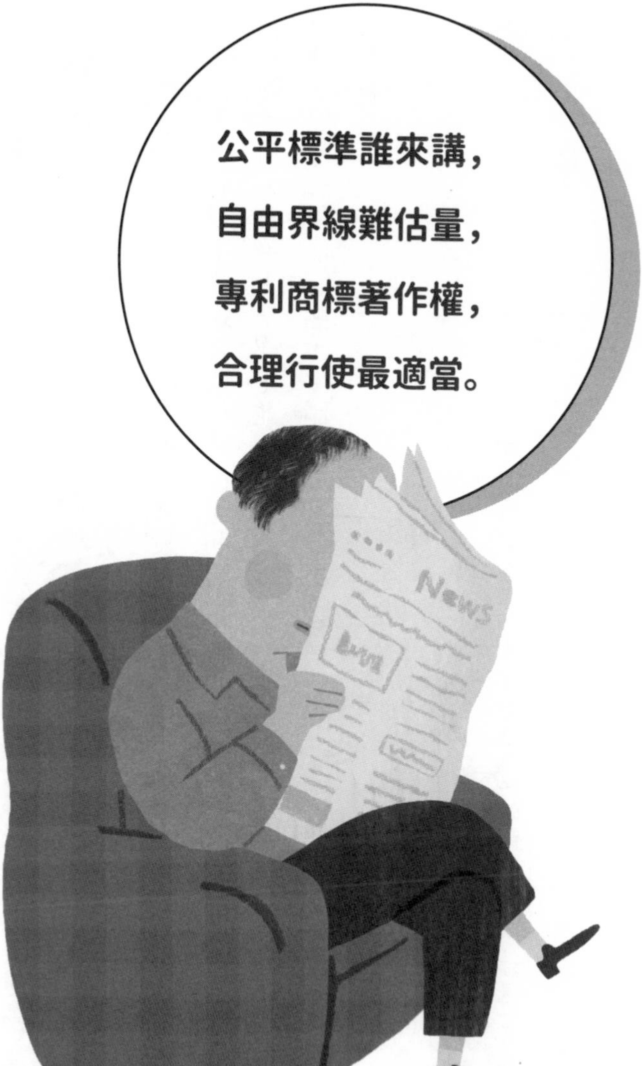
公平標準誰來講，
自由界線難估量，
專利商標著作權，
合理行使最適當。

**Q：花大錢買伴手禮送給參加年終尾牙餐會的客人，後來發現居然是仿冒品？這樣子我算侵害商標權嗎？**

A：捫心自問，你是用相當的市價買來的嗎？挑選商品時，是否有確實注意其品質及樣式呢？若你不知道採購的贈品是仿冒品，又不是以行銷為目的，因為並未做商業目的使用，實務上是認定並非商標使用，也不構成商標權侵害。但是個案情節不一樣，無法一併而論喔！（請參考智慧財產法院九十九年度民商訴字第2號民事判決意旨）。

**Q：藝人的名稱遭經紀公司搶先註冊，藝人要轉換經紀公司或者經紀合約結束時，藝人可以使用嗎？**

A：

（一）商標的主要功能在指示商品或服務的來源，但是如果申請註冊的商標，有跟他人使用在先的權利發生衝突，原則上是不可以獲准註冊的，除非申請人有取得權利人的同意。關於藝人藝名的部分，商標法已經有規定，如果商標有他人之肖像或著名之姓名、藝名、筆名、字號者，不得申請註冊。但經其同意申請註冊者，不在此限（商標法第30條第1項第13款規定參照），意思是，商標登記時若要加入藝人的肖像或者姓名藝名等，必須取得藝人的同意，這是對藝人相當保護的規定。

（二）因商標的註冊時間，皆長達十年以上，到底是否影響藝人的權益，需先釐清相關問題後，才能作最後的判斷。例如，到底是公司依節目內容先計畫採用的人物角色名稱？還是這些名稱本身，一開始就屬於藝人先使用並用來指涉特定人物？這些事實的判斷，涉及到兩造當事人的私權糾紛，需由當事人自己舉證證明，且應由法院就具體個案實際使用情形進行釐清，判斷是否確實會有影響相關藝人的權益等情事。

## Q：買盜版書是否算是侵害著作權的行為？

A：消費者買到盜版書，由於本身並沒有做任何著作權法所規定的屬於著作財產權的行為，所以不會侵害著作權。不過如果明知道自己買到的是盜版書，又拿到市場上去買賣，則屬於侵害散布權的行為（參考著作權法第28條之1）。

**Q：老師將一本精彩的書裡面的某一章節，印刷分發全年級學生做為講義，這樣有侵犯著作權嗎？**

A：著作人的著作權利應該保護，但也不能妨礙到社會公共利益以及文化發展，所以著作權法第44條到第65條，規定了一些不必事先徵得著作財產權人的同意，利用人可以依法利用而不犯法的情形。

其中，第46條規定依法設立的各級學校以及在這些學校擔任教學工作的人，為了學校授課的需要，可以在合理範圍內重製別人已經公開發表的著作。但是要特別注意下列事項：

1、重製著作時，要依該著作的種類、用途以及重製的數量、方法，不可以妨害著作財產權人的利益，例如本題所示的大量印刷分發是不可以的。

2、至於什麼才算是「合理範圍」呢？請參考著作權法第65條概括性條款所規定的一般性判斷標準。如果發生私權爭執，利用人行為是否違法，還是要讓司法機關依據具體個案，調查證據來判斷認定。

3、千萬要記得喔！利用人要依照著作權法第64條規定註明出處。

## Q：老師上課很精彩，有時候怕睡著沒聽到重點，學生可以錄音錄影嗎？

A：老師講課時口述的著作是「語文著作」，將老師口述的講課內容予以錄音或錄影是「重製」的行為，而重製是著作人（就是老師）專有的權利，所以學生上課要將老師所講的課錄音或錄影，應該經過老師的同意；另外默示的同意也是同意。而按一般社會慣例來說，老師講課常常會允許甚至要求學生作筆記，所以可以認為老師講課是屬於默示同意學生做筆記、錄音或錄影的，除非老師明白表示不同意（參考著作權法第17、22條）。

## Q：專利商標著作，這些智慧財產權，是不是都要聲請登記才可以受保障？

A：

（一）各種權利的保障方式不一樣喔！一九九八年，我國「經濟部智慧財產局組織條例」制定公布，明定由智慧財產局掌理專利權、商標專用權、著作權、積體電路電路布局、營業祕密等與智慧財產權有關之業務。

（二）我國商標制度是以註冊保護為原則，商標依法申請註冊取得商標權後，商標權人除可以自己使用及授權他人使用外，還可以排除他人以相同或近似的商標指定使用於同一或類似商品/服務註冊。如果他人未經商標權人同意使用該商標，而有侵害商標權或有侵害商標權之虞的情形，商標權人可以請求排除或防止侵害，對於故意或過失侵害商標權的人，還可以請求損害賠償（參考商標法第2條、第30第1項第10款、第68條、第69條）。

（三）當發明人、新型創作人或設計人就其創作提出專利申請，且經審查符合專利法的規定後，國家將其技術公開，並給予專利權，賦予在一定期間內的權益保護，這種權利就是專利權。專利權人在一定期間內，專有排除他人未經其同意而實施其發明、新型及設計之創作的權利（參考專利法第2條、第3條、第21條、第104條、121條）。

（四）所謂著作，指屬於文學、科學、藝術或其他學術範圍之創作。著作人就是指創作著作之人。著作權法所稱著作，例示如下：一、語文著作。二、音樂著作。三、戲劇、舞蹈著作。四、美術著作。五、攝影著作。六、圖形著作。七、視聽著作。八、錄音著作。九、建築著作。十、電腦程式著作（著作權法3條、第5條）。

許多著作權產生的問題，在智慧財產局的官網上都有解答，例如：服裝設計是否也受著作權法的保護？出版商把歷屆聯考或高普考試題整理出書，其是否有著作權？以上這些問題，都可以在智慧財產局的網站中找到答案喔！（可參考官網：https://www.tipo.gov.tw/tw/mp-1.html）。

[輯四]

# 我的損害誰來賠償？

## 蛋蛋的哀傷

律師爸爸和高中同學在熱炒海產攤聚餐，企圖追回青春的尾巴。想當初青澀少年，靦腆害羞木訥寡言（他自己說的），現在已是半百老翁。同學見面，熟悉感立即恢復，笑談昔日過往。

穿著T恤牛仔褲的科技業界同學，用同情的眼光看著頂上發光的爸爸，說：「律師很忙喔！尤其是娶了一個法官老婆……在家裡升堂開庭，應該都是跪著回答吧？」同桌的人都捧著啤酒杯，一副期待第三次世界大戰開打的模樣。

律師爸爸苦笑，眼角餘光瞥向我這兒，用我聽不到的聲音回答：「你知道的，律師都無法反駁法官嘛～」

是嗎？你可要講清楚，我不能審理你擔任辯護人的案件啊！這叫迴避制度，法律有規定的。

「是嗎？你們當法官的，有時候還真不接地氣，判決常常違反民意呀！」有人開始不客氣地抱怨。

是啦是啦！各位在看媒體的時候，可以稍微緩一下、停一下，思考一下嗎？有時候，媒體的淺碟式「切片」報導只能讓大家看到其中的一部分，但是整個案件所涉及的事實及前因後果，還有當事人背後那一長串的人生故事，根本無法在三分鐘的新聞報導中完整呈現。且先別妄自下判斷或評論，更無須隨之起舞啊！

手機響起，是醫師朋友的來電，餐廳太吵雜，於是到外面去接。

「美女法官（呵呵，我規定朋友都要這樣稱呼我），妳上次問的問題，剛好泌尿科醫師在我旁邊，我請他跟妳講……」

之前承辦一個侵權行為損害賠償的案件。A男跟B男兩位鄰居吵架，A的無影腳把B下面左邊那一顆（大家知道什麼就好）踢壞了，只好動手術切除。檢察官以重傷罪起訴A，因為刑法對於重傷定義之一是：「毀敗或嚴重減損生殖之機能」（第10條第4項）。刑庭第一審也判了A重傷罪五年二個月（法條規定刑度是五年以上十二年以下），A不服上訴，同時B也提起附帶民事訴訟，請求A要賠償醫藥費、請假期間工資以及精神慰撫金。

其中一個重要爭點就是：「男性少掉一顆蛋，是不是屬於重傷？」A男聲請醫院出具鑑定報告，在函詢之前，我得先瞭解一下醫療專業重點，所以「微服出巡」，請泌尿科醫師先告知一些概念。

餐廳門外廚房的鍋爐轟轟響，街道上車輛往來喇叭聲，美女法官怕對方聽不到，扯著嗓子，大聲地對著手機喊：「請問啊！男生少掉一顆蛋，到底會不會影響勃起？」、「還可以分泌精子嗎？」、「男性賀爾蒙會減少嗎？」、「會影響壽命長短嗎？」、「有得到憂鬱症或者因此終身不舉的嗎？」……

獲得一些初步的諮詢答案後，我滿意地把手機收下，想要開門回餐廳。只見身旁的男性廚師、員工，一臉狐疑地盯著我瞧……

我趕快回到餐桌上，大叔們正酒酣耳熱，乾脆來做民意調查。

「如果兩位五十五歲男性打架，A把B的下面一顆踢壞了。醫藥費、請假工資都補償了，A應該還要賠償B多少精神慰撫金？」我問，「這是陪審制，各位都是陪審員，請商量出一個一致的決議。」我補充。

於是，熱鬧的討論與意見發表就開始了。

「有影響勃起功能嗎？還有一顆可以用啊！」、「那使用年限多久？每週幾次？」、「生完孩子了嗎？」、「應該傳喚妻子來證明受傷前後的差異」、「賠他足夠買藍色小丸子的錢」、「不對不對，應該給他們夫妻去情趣賓館的錢，藍色藥丸太便宜了」、「賠償一年的年薪！」、「兩年的年薪！」……

我好整以暇地獨享一鍋熱湯，站高山看馬相踢，聽著他們爭辯說服對方的理由。

「這些，都是我們當法官的放在心裡考量的項目。各位真是非常貼近現實生活的好陪審員，如果我國採取陪審制，希望大家都來參與審判。」我誠摯地說。

「答案呢？答案？」每個人都在問。

「答案啊！在茫茫的風中，在恐龍的腦袋中。」我微笑回答。

所以，下一次，當你看到新聞標題寫著：「太離譜！男人一顆竟只值××萬元？」、「悲哀下半生？下半身？少掉一顆應該賠多少？」請先冷靜一下，想想如果你是法官，你該怎麼判？

真心希望媒體帶著社會良心，報導案例時，以提供民眾正確的法治觀念為宗旨，寓教於新聞，重視每一個案件裡蘊含的人性價值。不要僅追求點閱率，少用灑狗血的標題，別拿驚悚的字句挑動憤怒情緒，製造對立與爭端。

翻開報紙，不禁再度羨慕醫生朋友們：這麼多健康資訊、防疫觀念、診療建議、講座諮詢，都是民眾最喜歡的版面。什麼時候，法院判決不再只是社會版上血淋淋的報導？媒體不要只呈現（甚至自行加工）鉅細靡遺地描述犯罪手段（好讓其他人學習嗎？）。什麼時候，我們可以有個「法律讓你知」的園地，可以讓大家方便又簡易輕鬆地瞭解並遵循法律呢？

聚餐結束，大叔們在餐廳門口互道珍重，電話又響起，哥哥提醒：「媽咪，記得幫我買雞蛋回家，家政課要用。」我對著電話大喊：「好啦！我會記得你的兩顆蛋蛋！」語畢，餐廳員工又是一臉驚訝。

我應該是不敢再來這一家餐廳了。

# 放鞭炮也會進法院？

媽咪連續發好幾張傳票給律師爸爸，「限你週六上午八點準時出庭、履行出遊義務，抗傳即拘，後果自負。」

律師爸爸終於幡然悔改，開車載全家到近郊踏青。山路蜿蜒，妹妹怕暈車，把車窗搖下呼吸新鮮空氣。

前方有鞭炮聲響，鑼鼓喧天，持香信眾羅列而行，七爺八爺走在路旁，甩動雙手，搖曳往前。

「哇！是進香團耶！」哥哥很興奮，這代表前方寺廟廣場一定有吃有喝有玩，打彈珠檯、烤魷魚、烤玉米、糖蔥、棉花糖、糖葫蘆……妹妹則是聽到糖果，臉上乍然有光。

「快把窗戶關上！」媽咪下命令。「萬一鞭炮跳進來就糟了。」

「媽咪也太緊張了吧！」爸爸抱怨。

不是我神經兮兮，因為真的發生過這種意外。前往寺廟參拜的香客行走路旁，沿途丟擲鞭炮，誰知一輛窗戶未關的車子經過，駕駛大腿上突然跳入一串鞭炮，驚嚇慌亂中無法控制方向盤，車子撞擊到路旁兩位香客，車毀人傷。

檢察官以過失傷害罪起訴駕駛，第一審判有罪，傷者也向駕駛請求民事賠償。

「開車的人怎麼這麼不小心呢？」妹妹說。

「一串鞭炮在兩腿中間炸開，就算是車神舒馬克也沒辦法開車吧！」哥哥更有另一番想法。

「所謂過失，就是『應注意、能注意、而不注意』，駕駛應該要隨時注意車前狀況，謹慎開車。」爸爸回答。

（是嗎？那信箱裡常常收到你的超速罰單是怎麼回事？）

「在經過燃放鞭炮的路段，要注意路況，關上車窗啊！」所以媽咪才要你們趕快關窗戶。就像經過人多的路口，開車要特別小心一樣。

這個車禍事件衍生的法律效果，有刑事罰（肇事者要不要判刑？該不該繳罰金給國家？）、也有民事賠償（傷者損失可否求償？賠償項目是否包括醫療費、工作損失、增加生活需求、精神慰撫金？），還有行政罰（交通罰單），這些直指核心的一個爭點：「駕駛有無過失？」要查的證據可能包括：車禍現場圖、行車記錄器、車損照片、修車收據、事故鑑定報告、證人證詞、醫院診斷證明書等等。

「所以爸爸才會這麼忙嗎？民庭刑庭跑來跑去？」妹妹擔心地問。

是啊！如果這些證據以及調查程序，能在同一個法庭裡調查解決，是不是比較節省時間勞力費用？因此在刑事程序中可以提起「附帶民事訴訟」，意思是由同一個法官來想辦法解決刑事與民事的問題。當然啦！如果雙方各退一步，釐清責任之後，同意以一個金額達成和解，也可以採取分期付款方式，同時傷者撤回對肇事者的刑事告訴，一併簽署在和解契約內，雙方權益都受到保障。

「檢察官也可以幫忙和解嗎？」哥哥問。媽媽在看日劇《HERO》時看到木村拓哉時的尖叫，哥哥應該也有觀察到。

當然可以的，在車禍剛發生時，雙方都可以去鄉鎮市調解委員會申請調解，檢察官在偵查程序中也會建議當事人去調解。在正式進入法庭之前，藉由保險公司或者公正的第三者（例如調解委員）的介入，衡酌雙方權益而做出的調解，一樣可以簽署調解書，更可以迅速而有效率地解決紛爭。不僅車禍案件，一般的買賣、借貸、公寓大廈案件、消費糾紛等等，都可以藉由調解程序來解決。

「這些程序都需要費用嗎？」妹妹擔心地問。她的壓歲錢要存下來買BTS演唱會的門票，因此很計較用錢。

「鄉鎮市調解程序是不用費用的。附帶民事訴訟也不需要繳交訴訟費，就算已經提起民事訴訟，若調解成立，還是可以退回三分之二的訴訟費。」爸爸說。「可是商務仲裁就不一樣喔！若是商務案件要利用仲裁制度，還是要繳交仲裁費的。」一些特別的商務案件，如建築事件、專利案件等等，需要時效及專業，當初訂立契約時，就會約定好日後若有爭執就利用商務仲裁制度，由雙方擇定的專業人士擔任仲裁人，也是一種省時有效率的作法。

「好好玩，民間法院的意思。」哥哥讚嘆。

「那個丟鞭炮的結果到底怎麼樣？駕駛人被判有罪嗎？賠多少錢呢？」妹妹一口咬住棉花糖，口齒不清晰地問。

駕駛人被地方法院刑事庭判決過失傷害罪後，上訴高等法院，此時法官請寺廟宮主、進香團以及保險公司都出面，連同駕駛人一起給付傷者賠償，達成和解，駕駛人獲得緩刑。畢竟大家都不是故意的，在事後盡量彌補傷害，賠償損失。這樣也算是一種兩全其美的結局吧！

「可是，過年不放鞭炮，怎麼像過年呢？」哥哥妹妹站在炮竹攤子前哀求。

請仔細觀察炮竹類商品，必須符合安全標準，而且請選擇至空曠指定的地點燃放，唉呀，每年 101 煙火那根大炮竹的壯麗煙火秀，你們還看不過癮嗎？

「不一樣啦！」哥哥妹妹拿著仙女棒，在空中畫出一個個圈圈，又跳又笑。

全家健康，社會和諧，國泰民安。

媽咪默默祈願，希望法院的案子跟媽咪臉上的皺紋一樣，愈來愈少啊！

# 沒有標準答案的計算題

媽媽大學時代參加山地青年服務團，團員來自各個不同的大專院校，暑假期間到新竹尖石鄉部落駐村一個月，說是服務，其實是讓許多原住民朋友照顧。隨著我們各自踏入社會，大家仍然保持聯繫，像家人一樣的情誼。務農的原住民好朋友流下汗水勤奮種植，春天的嬌嫩水蜜桃、夏季的鮮甜高麗菜、秋涼甜蜜的紅柿，隨著季節更替，我總能開心享用他們的收穫。山服團學生隊員們，縱分散各地，只要有機會聚在一起，琅琅上口的山地歌謠總能讓我們重返昔日美好時光。

當初青澀的醫學院學生，現在已是身著白袍（映著白髮蒼蒼）的醫生，邀請我去醫院演講，介紹醫療糾紛的司法處理過程以及醫療過失的認定等實務問題。「當醫師接到傳票的那一刻」我總是這樣開頭，「就像病人到醫院看到白袍一樣，血壓馬上飆高。」

醫護人員都積極求知，認真學習，現場提出的疑問，也很直接。

「法院判決賠償都是天價，不合理！」

「醫生護士怎麼會故意去傷害病人？居然把我們當罪犯在審理！」

「病人及家屬都是獅子大開口，就是要錢。」……

大家都感嘆醫病關係惡化、醫生整天被病人及家屬告，以致於防禦性醫療出現，內外婦兒四大皆空……我總是不厭其煩地，將實際案件數據統計拿出，解釋說明。

由於醫療糾紛的特殊性，若是因欠缺溝通的管道，或者對於法律程序的揣測不解，醫病雙方常常產生誤會，對於司法程序的不信賴，也導致醫療糾紛延宕長久，難以解決。

其實，法庭不見得是醫病雙方最好的對話空間，醫生接到法院傳票之前，有很多機會可以促進雙方進行溝通，這也是現在推行「醫療調解程序」的目的，希望在一個資訊透明、程序不對外公開、並且保護雙方隱私的調解程序中，讓公正第三者（具有醫療背景或法律背景的調解委員）主持之下，讓醫病雙方基於平等地位，互相坦白，瞭解真相，達到雙方都能接受的結果。

醫療行為是一個醫生和病人合作的契約，雙方立場是同一的，都是希望達到健康治癒的結果。醫生應盡的注意義務、病人自主決定權利的範圍，加上醫學的極限、不可避免的後遺症或者病人體質差異，都讓醫療過程充滿不確定性，若非重大過失或故意，誰會希望發生不如預期的結果呢？

讓醫師在醫院努力對抗疾病，不用浪費時間到法庭來打訴訟；讓病人在醫院接受最完整的治療，而不是奔波在法院重提舊傷口。使醫病關係導向和諧良善，豈不是醫療的最高目的嗎？

演講完總是筋疲力盡，回到家裡，警衛室通知有一箱蔬菜待領。

「哥哥妹妹，快去把高麗菜搬進來。」媽咪發號施令。

五分鐘後，妹妹哭哭啼啼進家裡。

「媽咪，哥哥放手太快，箱子壓到我的手指頭，好痛啊！」

「我又不是故意的！」哥哥答辯（唉！我天天在法庭聽到就是這一句）。

才剛從醫院回來，難道又要去醫院報到嗎？

看看無大礙，冰敷一下就好。妹妹抽抽噎噎地撒嬌，還不忘記報仇，「哥哥你要賠償我！」

真的嗎？要賠償多少呢？

剛剛在醫院演講時，媽咪也被醫師問了同樣的問題：「如果因為過失造成病人傷害結果，要怎麼計算賠償金額及慰撫金呢？」

讓我告訴你們一個故事吧！有一位拾荒老人駕駛無照拼裝車，急著要回家買便當給他的兩個孫子吃晚餐，孩子的父母都因毒品案件入獄，隔代教養，特別辛苦。一位身價百億的科技老闆因為要趕飛機出國簽約，經過斑馬線時，被這位闖紅燈的老人撞倒，科技老闆腿斷人傷。

誰該賠償呢？賠償多少呢？精神慰撫金該怎麼計算呢？

「雖然可憐……但是畢竟違規，開車撞到人，老爺爺大概要賠償一年份的收入。」

「把所有財產的一半賠出來。」

「應該評估傷者的住院天數、後遺症的治療所需……」

「不能出國簽約，科技老闆損失的幾百億利潤怎麼辦……」

各種答案都有。

老人每天拾荒所得大約兩百元，每月可得政府補助五千元，存款簿內只有一萬元，房屋股票黃金……當然都沒有。全部都賠給科技老闆嗎？老人及孫子的後續生活怎麼辦？可是他畢竟有過失，應該負責任。

如果為了公平，法律不是應該規定固定比例的賠償金以及慰撫金計算方式，避免恐龍法官擅斷嗎？

當大家都提出各種言之成理的損害賠償計算方式之後，我再問他們：「假使相反，是百億身價的科技老闆開車撞傷拾荒老人呢？」

如果依照固定比例才算公平，那麼科技老闆應該將一年份的收入、以及半數財產都賠償給拾荒老人？

「那整條路都會有人把腿伸出來，希望科技老闆開車撞到他的腿吧！」哥哥無俚頭回應。

有過失，就要負責，該賠償，就要回復原狀、彌補損失。但總不能憑「運氣」來決定獲得損害賠償的數目，每個案件的事實都不同，哪裡找得到一致的標準答案呢？當然要考量到損害程度以及兩方的經濟能力，若再加上保險制度有效介入，社會福利適時浥注，是否比較可能達到相對公平的目標？所以，請不要簡單地用「金額多寡」來斷定法官的判決是否與民意相違，更別用「一條腿值五千萬」這樣的標題來搶點閱率了吧？

妹妹想想，說：「可不可以請這位大老闆雇用這位拾荒老人呢？請他擔任公司環保人員，他有固定的工作，孫子也可以每天吃到晚餐。」

喔！這或許是一種兩全的方法吧！親愛的孩子，也請把這份心意記住，當我們有能力去幫助他人的時候，就是最幸福的時候。

願你們一輩子幸福。

# 你的要約、我的承諾

妹妹的學校舉辦校慶園遊會，一早出門後，傳簡訊給爸爸：「記得五點要在校門口接我喔！」爸爸回個大紅吻貼圖加上：「揪睖～」。

為了啦啦隊比賽，妹妹已經厲行減肥政策兩個多月，每餐吃水煮雞胸肉、花椰菜，眼睜睜看著哥哥大口咬炸雞排、喝珍珠奶茶，沒辦法，為了露出漂亮的小蠻腰。

爸爸不以為然：「妨害健康，莫名其妙！」

拜託，媽咪拍婚紗攝影前一個禮拜，也是只吃水煮蛋、白土司跟芭樂。你到底懂不懂女生的心思啊！

不過說到婚紗照，到底塞到哪一個角落了呢？是不是應該每年都去拍紀念照才對啊？

爸爸跟哥哥忽然很認真地討論這次的總冠軍賽，充耳不聞媽咪的深情提議。

看看時間差不多，該去接妹妹了，爸爸開心地在車上放音樂，一邊跟著哼：「我曾為～她許下諾言，不知怎～麼能實現，想起她啊啊啊～⋯⋯」

哥哥受不了，「拜託爸爸，你們那個時代的歌曲，怎麼這麼奇怪？我來放《鬼滅之刃》的炭治郎之歌給你聽吧！」

只見妹妹氣呼呼地上車，嘴巴嘟的高高。

怎麼了？

「我們班賣冰淇淋，廠商居然漏送了最好賣的巧克力口味！我們招牌價目表都做好了。很多人要買，害我們一直解釋，我的喉嚨都喊到啞了。」

怎麼回事？你們有再三確認嗎？

「都有打電話啊！」妹妹說。

「廠商有沒有傳書面的訂購單給你們？有把數量、價格、項目寫清楚嗎？你們什麼時候回傳的？貨款都付了嗎？⋯⋯」爸爸開始一連串的詢問。

又不是在審閱跨國商務契約，爸爸，你也別這麼專業好嗎？

「當初好像都是用電話聯繫，也沒有什麼訂購單。」妹妹回答。

這就是你們的疏忽了，就算有電話通聯紀錄，也不能證明你們當初對話的內容。E-mail、傳真、各種通訊軟體這麼多，怎麼都沒有用這樣的方式來洽談訂貨的細節呢？

「所以只是電話訂貨，買賣契約就不算成立嗎？」哥哥問。

當然不是啊！買賣契約的成立，不一定要書面才算數，甚至有時候根本不用開口，例如你走進超商，拿起一瓶水，到櫃臺結帳，嗶一下悠遊卡，發票存入，走出門口，打開水瓶大口灌入。從頭到尾，你一句話也不用說。

「這倒是真的。」哥哥妹妹回答。

我們日常生活中，許多的買賣，已經形成交易習慣。法條雖然規定「當事人就標的物及價金互相同意時，買賣契約即為成立。」（民法第345條第2項），意思是，一方要約、另一方承諾，即使是口頭方式，契約也就成立了。

「所以說話要算話。」爸爸補充。

「咦？那爸爸上次說要送給媽媽的限量名牌包包，去買了嗎？」妹妹真的是愈來愈體貼懂事了。

「其實很多契約是規定要書面的喔！不是嘴巴講講就可以的……」爸爸趕忙補充解釋。

民法規定，只是交易生活的基本原則。以前買賣物品，總是一手交錢、一手交貨，在現代的生活形態裡，網上預定、電視購物、各種限時搶購表單……到底契約什麼時候成立？雙方達成合意的內容是什麼？履約時間、交貨數量、售後服務、瑕疵擔保……會因為商品的價格及種類，而有所不同。如果要買一棟房子、一輛車子，或者是兩年期限的健身房課程……應該更謹慎、更詳細的考慮，契約條件也要定的更清楚才對。如果沒有書面契約，僅僅口頭陳述，事後有爭執，如何舉證來確認呢？

「像最近《鬼滅之刃》電影的配音問題，雙方雖然有 E-mail 往來，但是到底契約成立了嗎？」哥哥很關心。

各個案件事實不一樣，有時候含糊的對話、來回的探問、甚至是殺價、保留條件的談判……這些都必須要視交易習慣以及商品特性綜合判斷。像你們走進超商，貼有價目表的商品在架上陳列，其實就是一種無聲的「要約」。你拿起來，走到櫃臺結帳，就是「承諾」。有要約、有承諾，買賣契約就成立了。你招手攔計程車，是要約，司機停下載你，就是承諾。

「當初爸爸向妳求婚的『要約』是什麼？」哥哥妹妹問。

想不起來了啦！爸爸幫人家擬定契約，謹慎小心且字句斟酌，但是講到結婚這件事，好像就糊裡糊塗。

「明明就是妳先問我，喜歡吃妳煮的菜嗎？」爸爸主張。

「那也是你先問我：『想不想做飯給我吃？』」媽咪抗辯。

「天啊！你們兩個法律人，婚姻契約是這樣定的嗎？」哥哥妹妹快暈倒了。

除了辦案訂契約很審慎，其他的事情，爸爸都是含糊其詞啊！

記得上次跟幾位好友相約至花蓮遊玩，爸爸滿口答應，陳伯伯便積極安排購票、訂房、車輛接送等等事宜。

出發前一天，爸爸「又」臨時必須出差。媽咪已經習慣爸爸工作的無奈，但叮嚀他必須好好跟人家道歉。

只見爸爸傳簡訊過去：「滿心摯盼明日之行，被迫扼腕，為稻粱謀也！雖常恨此身非弟所有，終日汲汲營營，仍愧疚無極！為當擇吉日，負酒高歌，奔赴座下，以稍彌罪愆於萬一是也。謹拜謝。」

隔了半小時。

陳伯伯回覆：「請問您是不是說：明天您無法參加花蓮行？」

爸爸再回：「罪大過極也！待罪之身，如敢侈言，徒增羞耳。千刮萬剮、刀山油鍋，任憑處置，甘之如飴也。」

據說陳伯伯把手機螢幕秀給他周遭的人看，大家都搖搖頭，三聲無奈。

「爸爸，拜託講人話！」哥哥妹妹齊聲哀求。

只見爸爸繼續高歌：

……雖然是我為她許下的諾～言～
也是我深藏在內心的心～願～
諾言～心願～誰知道，要等到哪一天。

等到哪一天？對家人的好，不必承諾，無須等候，就是今天，我們去大吃一頓，
然後去看金馬獎得獎電影吧！

# 大人冤枉啊

寒假未到，哥哥妹妹已經開始蠢蠢欲動。

「媽咪，南部陽光好，我們去樂園，坐雲霄飛車、開賽車。」哥哥說。

「還是藝術之旅比較好啦！城市裡面有博物館、美術館，旁邊還有百貨公司，可以去休息喝下午茶。」妹妹建議。

爸爸翻一翻報紙，說：「哪裡都好，不要叫我開車就好，塞車太恐怖了。」各位同學，別只想到玩的事，年終大掃除做了沒有啊？

新冠疫情改變了大家的生活形態，維持社交距離是這麼重要，各種團體聚會都要嚴格把關，量體溫、登記資料，口罩戴好戴滿。搭飛機出國旅遊變成一種奢求，FB回顧的過往，都成為一種心痛的提醒：以前我們習以為常的日常，其實是多麼大的幸福。希望這世界快快恢復，值得探索的地方好多好多，就從臺灣的美景勝地開始，今年就用高鐵加上租車，來個環島之旅吧？

門鈴響了，原來鄰居李伯伯，提著一大箱的地瓜送我們，哥哥趕快雙手接過來，彎腰鞠躬說謝謝。李伯伯的家鄉是雲林水林鄉，出產的地瓜超級好吃。

「咦？你這次願意接受了？」李伯伯笑著說。

哥哥不好意思地搔著頭，嘿嘿嘿地傻笑。

中秋節前，李伯伯抱著一大箱柚子來我們家，是哥哥去開門的。

「送你們柚子吃。」李伯伯說。

「可是我們家已經一大堆了耶！」哥哥指著客廳地板上堆疊的柚子山，皺著眉頭回答。

李伯伯摸摸鼻子，就拎著柚子回家了。

哥哥告訴媽咪這件事，媽咪十萬火急地要他去跟人家道歉，並且叮嚀千萬要把柚子搬回家。

李伯伯不介意，說這孩子真是直率坦白，很可愛。媽咪嚇得一身冷汗，連忙解釋：家教不好，敬請見諒，都是孩子的爸，整天忙於工作，沒時間教導孩子，應該要負連帶責任……（以下刪除五千字）

接受人家的好意，是一種體貼。適當地拒絕，也是一種禮貌，其間真是難拿捏，孩子雖小，也要讓他們瞭解。還好李伯伯是善良的鄰居，願意給孩子學習的機會，爸爸邀請他喝杯茶，李伯伯謝絕了。「我要去超商繳罰單，傷腦筋，我公司的司機開車闖紅燈啊！」李伯伯拿著一張罰單，無奈地說。「而且他還不小心擦撞到行人，還好只是輕傷。」

「你有申請歸責嗎？」爸爸問。「車子的所有人登記是誰？」

「是我公司的租賃車。」李伯伯回答。

「李伯伯不是大公司老闆嗎？為什麼還要租車？」妹妹小聲問。

爸爸解釋：「除了我們出遊臨時租車之外，有些公司常常需要用車，就採用長期租賃的方式。」

使用長期租賃車輛的方式，有關車輛的維修保養、車輛受損、失竊、罰單、出險、檢驗等等事情，可以約定都由租車公司專人處理，對於忙碌的企業主，是個好選擇。

媽咪補充：「登記車主雖然是租賃公司，但是真正使用人是承租人。」

「那這輛車子如果違規，罰單到底算誰的呢？」哥哥問。

「汽車違反交通規則時，原則上是『以車找人』，循車號找到車主。不過若能證明違法當時並非車主駕駛，在法律上稱為『歸責』，車主就可以將違法責任交由駕駛人。」爸爸回答。

「當時跟租賃公司簽約時，這一部分就有約定說，交通違規由我們自行負責。」李伯伯解釋。

「所以李伯伯公司聘請的司機違規，罰單還是要自己負責。」爸爸繼續解釋，「至於撞倒行人受傷的部分，因為李伯伯是雇用人，必須與受雇人負連帶賠償責任。」

「咦？明明不是李伯伯開車，為什麼他要負責？」哥哥疑問。

「就像是你不懂禮貌的部分，爸爸媽媽也要負責一樣。」媽媽自首。每個人原則上只為自己的行為負責，但是法律上有例外規定，必須為他人負責。例如公司老闆聘用司機開車，在執行業務期間撞到人，或者是未成年人偷開父母的車子撞到人，受傷的人是可以請求老闆或者父母負連帶賠償責任的。

「所以，李伯伯，你的罰單其實不是你的。真是冤枉！」哥哥替李伯伯打抱不平。

其實一點都不冤枉啦！公司老闆既然雇用員工，就有義務要將他們訓練好，「公司有多大、責任就有多大」，總不能賺錢時就說員工的行為算公司的，但是闖禍造成損害時就說公司管不著。就像是未成年人犯了錯，固然應該給予改正的機會（少年事件處理法），但是涉及民事賠償的責任，父母不可以雙手一攤說不關我的事（咦，媽咪之前好像明知故犯……）。所謂「監督」，是責任的延長，也是責任的歸屬。大人必須為了自己的未成年孩子闖禍負責，一點也不冤枉！

「是啦！繳了罰單，我會從司機的薪水裡扣。」李伯伯說，「不是我小氣，是要提醒他注意交通安全的重要性。至於撞到行人的事，已經聲請調解了。」李伯伯看起來蠻輕鬆的，也可能是從雙手卸下一大箱地瓜的原因。

「我來倒茶給李伯伯喝吧！」妹妹體貼地說。

「好喔！妳這麼乖，可不可以出租幾天到我家，幫忙李媽媽？」李伯伯很開心。

「嗯～」妹妹有點為難。

哥哥出面聲明：「雖然妹妹常找我麻煩，有點討厭，不過她還算是我家人，還是留在家裡好了。」

真是令人感動的兄妹情啊！如果有出租媽媽，我倒是很想租一個來照顧你們，我要去度假放空幾日。

好像看見爸爸嘴角微揚，竊喜之情溢於言表。

「媽咪！別作夢了！」哥哥妹妹齊聲抗議。「天下的媽媽都是一樣的，但是我們的媽媽不一樣，誰也無法取代！」

# 土地公與和事佬

媽咪挑選參加婚禮要穿的衣服，紅色不錯，但看到另一件紫色的，又猶豫不決，打算改變主意，妹妹在一旁等候很不耐煩。只見櫃姊連忙打圓場：「唉呀！女人就是『見異思遷』嘛。」

妹妹不懂，「為什麼要『建議私簽』呢？因為不想讓爸爸看到信用卡簽帳單嗎？」

咳咳咳，妹妹，見異思遷是說，有彈性、懂得變通是女人的好個性，知道嗎？不是說要「建議」「私簽」啦！

不過說實話，有些文件，真的是不建議私下簽訂喔！譬如妳以後若是交了男朋友，花前月下，想要私定終身，千萬別一時糊塗啊！

「媽咪妳又亂想了。」妹妹真的受不了。

回家經過土地公廟，媽咪牽著妹妹的手，一起膜拜鞠躬。

「媽咪妳拜什麼呢？」妹妹看到媽咪口中喃喃自語，好奇地問。

「祈望我們全家平安啊！土地公就是照顧我們這地區的神明，跟他打招呼，他才認識我們。」

「里長伯昨天也有來發傳單，說要舉辦健康檢查、里民郊遊、愛心園遊會、捐贈物資……」妹妹問，「他也算是土地公的一種嗎？」

哈哈哈，真的是喔！里長是最接近民眾的第一線服務人員，每年選舉時也很多人參與競爭。里民大大小小瑣事都會找他，有求必應，真的很像土地公呢！

上次李伯伯公司車子的賠償事件，後來就是去調解委員會處理，剛好里長是調解委員之一，就幫忙雙方磋商，達成民事和解，簽訂調解書，刑事部分也請受傷的人撤回對司機的傷害告訴，圓滿解決了。

「里長伯也可以當調解委員？車禍案件不用上法院也可以處理喔？」哥哥問。

當然可以啊！調解制度，其實源來已久。以前農業社會，家族關係緊密，大人長輩、鄉里耆老可以主持公道；像你跟妹妹吵架，不是都來跟我告狀，要討公道嗎？

「對啊！妳雖然是媽媽，但也是法官啊！」妹妹說。

媽咪上班就已經很忙了，每天案件都很多，如果有人可以幫忙處理這些爭議比較單純的事，不是很好嗎？而且又不是每個案件都需要上法庭才可以解決。像輕微的車禍案件，若僅有要確認修車費、拖吊費等，如果還要寫狀子、繳交裁判費、開庭……繁瑣的程序實在沒有必要。讓學有專精或者熱心的公正人士來擔任調解委員，幫助雙方達成和解，就可以省下蒐集證據、找證人、請假去開庭等等來來去去的時間勞費成本。

「里長伯因為很熱心，做事又公道，既是土地公，又是民間的法官。」妹妹說。「對啊！這樣子的公正人士，可以更接地氣，貼近民眾需求，也讓雙方在隱密不公開的調解辦公室，盡情陳述，不用擔心案件會曝光或者上媒體，如果上法庭的話，旁聽的人都會知道呢！

「如果雙方自行簽和解書，就不算數嗎？」妹妹再問，她還是很介意「建議私簽」的正確定義。

雙方自行簽訂和解書，仍然有效。會建議大家去調解委員會，是因為調解委員比較有處理的經驗，而且依據調解條例規定簽訂的調解書，送給法院核定之後，跟確定判決是一樣的效力。如果雙方願意自行簽訂和解書，依據民法規定，仍然有效。可是就怕這樣的和解書漏東漏西，或者缺乏見證人，若事後有人反悔或者誣指被脅迫簽訂，沒有證據的話，會衍生其他糾紛，還是得要上法院論告，也是增添麻煩。

「所以和解書經過律師見證、公證人見證都可以算數了？」哥哥問。

是的。和解契約，當然可以自行找來見證第三者在場，不過要注意，在和解書上簽名「見證人」，可不具有「保證」的效力，並不是擔保某一方一定履行契約，頂多是事後對於和解契約有爭執時，可以出面擔任證人而已。「見證」非「保證」，似是而非的法律用語，可別亂用。

「很多明星都在商品廣告上說她是見證人，說多有效之類的。」妹妹果然觀察到媽咪常常看電視頻道的減肥產品……

唉呀！可要小心哩！所謂「廣告薦證者」，就是在廣告中反映對商品的信賴、體驗結果。如果明明知道商品有虛偽不實或引人錯誤的表示，仍然做薦證，那麼就會跟商品或廣告主連帶負責的喔（公平交易法第21條第5項）。

「就常常聽媽咪在埋怨你的大學同學小黃叔叔，說都是他推薦爸爸，還說用過都說好，妳才會嫁……」哥哥果然是跟爸爸一國的。

那怎麼辦？（損害已經造成，而且無法彌補了）媽咪故意提高音量傳到客廳給爸爸聽：「其實我嫁得很好啦！又有你們這兩個寶貝，媽咪是最幸福的不實廣告受害人。」

每個人生活中多少都會遇到糾紛，大事化小、小事化無，當然最好，可是畢竟受到委屈或不公平待遇，總希望能爭取一個公道，或者是說，若有一個平臺，可以讓雙方充分溝通，將義憤填膺的誤會，經由解釋及說明，互相讓步，達到彼此可以接受的結論，省掉了進入訴訟程序的勞煩，盡快讓生活恢復正常，不要讓案件懸在心中，增添白髮與皺紋，這就是調解制度的功能。一案在身、全家受苦，法官手上受理這麼多案件，無法即時迅速地處理，更苦啊！

「媽咪的皺紋就是這樣來的。」爸爸下結論。謝謝爸爸好意提醒，你的好眼力不是應該用在看報紙上面嗎？不該看的就別看了。

調解制度是解決紛爭的好方法，例如，去賣場買東西，但是品質有疑義，到底是瑕疵品還是消費者使用不當？購買健身、瑜珈、英語補習班課程等等，也會有課程內容、退費、延期等問題發生，都可以循消費爭議調解程序處理。醫療案件、不動產爭議、公害糾紛、性騷擾案件，都有相對應的調解程序，不必動輒上法院提告啦！找對方向，用對手段，比去土地公廟「拔杯」來的文明又正確吧！

不過，說真的，土地公還是有保庇我們啦！（媽咪可是慎重地許下心願說要嫁個好老公喔！）

［法官內心話］

哥哥：「一顆蛋蛋到底值多少錢？」

妹妹：「加減乘除慢慢算。」

播報新聞時，聳動的標題材可以吸引讀者的目光，法院判決中被擷取一句話出來大做文章的事件常常發生，「小時候當過模範生就不用被處死刑？」、「有教化可能性」、「罪大惡極、泯滅人性」……這些判決文字用語，只是其中一個小切片，實在無法全面地呈現案件的來龍去脈。

「一顆蛋蛋只值六十萬？」乍聽（看）之下簡直不可思議，損及男人本質以及面子的重要器官，只值如此？

如果媒體想要報導這個案件，要宣達的，應該是當民眾遭受這樣的傷害時，應該如何保障權益。用簡單明白的訊息，提醒大家提出刑事傷害告訴的時限，請求民事損害賠償的程序，建議蒐證或保存證據的方法。如果一整篇報導，只是在嘲諷少了一顆蛋蛋的男人有多悲慘、法院判決賠償金額如何「沒有行情」，除了讓大家更加肯定恐龍法官橫行危害之外，媒體的功能何在呢？這樣子深植到孩子心中的價值觀，以後又會讓他們如何面對社會呢？

**（單選題：104年大學學測社會科）**

1、在日常生活中，我們時常透過媒體來理解社會現象，因此「媒體識讀」成了現代社會應具有的公民素養，請問「媒體識讀」所強調的內容較接近下列何種能力？

（A）自主性思考

（B）溝通與協調

（C）社會關懷與服務

（D）適應與改變社會

**答案：A**

連大學學測都要探問「媒體識讀」的真諦，究竟媒體「識讀」或者媒體「是毒」？仔細想想，除了被動地接收資訊之外，每個公民心中都該有一個冷靜而自主的判斷思考準則，時時提醒自己：勿被淺碟式的報導挑起情緒，在衝動出口評論之際，想想身旁的孩子、朋友，他們會如何評價你？你自己又如何由他人的言論中尋得真相？

親戚朋友知道我在當法官，總是很喜歡跟我們吃飯。應該說，很喜歡在吃飯的時候「順便」問一點問題，請我們預測一下，這個官司會贏嗎？新聞報導的哪一件驚天動地的案件會判幾年？要不就是有一份「很簡單」的契約麻煩我們看一下，給點意見或修改建議。

更多的情況是，明明不是我的承辦案件，宣判結果出來之後，連忙問我：怎麼會這樣？（恐怕更想問的是：那個法官是不是腦袋進水），有時候看到假釋出獄的罪犯，都無法忍受，咄咄逼人地質詢我：「關這樣短短的期間就出來喔？社會上都是壞人了，你們是怎麼搞的？」

所以，我總是胃疼、消化不良，連帶影響體重直線上昇（好啦根本找藉口）。常常用「法官不語」這四個字帶過去，偏偏大家從小就知道我是愛講話的人，拿起麥克風就無法停止的囉唆個性，怎麼講到個案，就啞口無言？

一方面，對於未確定的個案，我們實在不宜揣測，更無法未卜先知。畢竟我不是承辦的法官，沒有看到卷證資料，大家聽聞的都是來自媒體的片段事實，如何窺得真相？更別提若是我自己承辦的案件，絕對不可能在法庭以外的場合跟人家討論，這一點，在我們家庭裡可是界線分明。律師爸爸執業超過三十年，我也在法庭歷練過四分之一個世紀的時間，彼此都知道身為法律人的專業尊嚴與分際（別忘了還有迴避制度，我根本不會承審到爸爸代理的案件）。

親友的質詢與疑惑，我覺得這是大家對於公平正義真相的渴求，所以總能善意回應。法律對於一般人（尤其是自認不違法不傷害人的正直百姓）而言，彷彿是天書，而判決的結果，又像是占卜一樣難測。所以，在可能的範圍內，我會盡量將法律的規定以淺顯白話方式，舉例講解，總是希望大家不要以訛傳訛，一些容易產生誤會的法條字句，其實沒這麼難懂，而且也符合人性。

十二年國教實施以來，公民與社會教科書，在國中時期（就是七、八、九年級）已經有講授法律的基本概念，法庭設施，法袍顏色，檢察官法官的位置、刑事民事程序……已經不是「什麼為什麼之本」教條式空洞宣言。在現實生活上發生的點點滴滴，各種法律應用的結果，老師有教，題目也有喔！（爸爸媽媽趕快去找孩子要教科書看一看）。

（單選題：108年大學指考公民與社會科）

18、甲在夜市小吃店消費後，假裝接手機至店外通話，趁店主忙碌不注意時，未結帳快閃離去；嗣經監視錄影帶顯現甲之形貌，於甲再次至同店用餐擬以同一手法白吃時，店主已留意並將匆忙逃跑之甲抓回。依我國民事法律，下述何者正確？

（A）店主可依消費契約關係，要求甲清償所欠小吃店之全部餐費

（B）店主為懲罰甲之詐騙行為，可要求甲付餐費五十倍之違約金

（C）店主除可要求甲清償所欠小吃店之餐費外，尚可要求甲精神賠償

（D）店主為防止甲開溜，可將其綑綁鎖在廁所，並告知須還清餐費後始放人

答案：A

我們希望培育出腳踏實地的公民，在學校得到的知識素養可以與社會接軌。當自己真的遇上法律糾紛時，應該要有基本的常識，可以理性面對，冷靜處理。例如車禍事件一發生，就有三種法律程序啟動：民事損害賠償、刑事過失傷害（或致

死）、行政交通處罰。如果都有基本對法律的認知，不僅可以盡速處理，也不會讓不肖之徒從中牟利。

面對醫療事件，病患雖然不瞭解，總會想辦法花時間尋求答案及協助；面對法律事件，當事人或旁觀者往往一知半解，更不知如何著手，如果又聽聞一些似是而非的建議，陷入糾紛之中的人，還會消磨掉意志與正向能量，不可不慎。

對於責任真正的歸屬，也要有「自己責任自己扛」的想法，老闆雇用員工增加生產力及利潤，自然要為員工侵害他人的結果負責。未成年人需受法定代理人監督，孩子闖禍，爸媽可別雙手一攤說不關我的事。尊重每個人的自由，意思就是他人也有自由，當兩者發生扞格之際，釐清誰該負責任，取得合理的界線以及平衡點，這是一種危險控制的理論，你要延伸多少的自由，就要為這自由帶來的危險負責。

真的發生糾紛了，並不是都需要進入法院繁瑣的程序才能解決，我們可以聲請鄉鎮市調解委員會來調解，或者是自行找一位信賴的過的第三者：里長、家族長輩、共同的朋友，只要能協調雙方，各退一步，取得結論，都是讓秩序恢復的好方法，此時看起來雖然沒有法律或者法院的介入，其實蘊含的處理方式，都是跟法律原則相符的，甚至更符合經驗法則。待人處事要兼顧「情、理、法」，這三字箴言自有他的道理。

所以，各位親朋好友，下次吃飯時，別再問我：妳覺得這個案子會賠多少錢？妳覺得會判多少年？為什麼壞蛋在監獄關沒多久就被假釋？

且讓我細嚼慢嚥，享受美食，然後千篇一律回答您：「依個案而定。」

不過如果你要我發表美食評論，那我可是一堆意見可以講，畢竟，羅馬非一天造成，愛吃的我，體重不是只有一天堆積而來的啊！

## [法律Q & A]

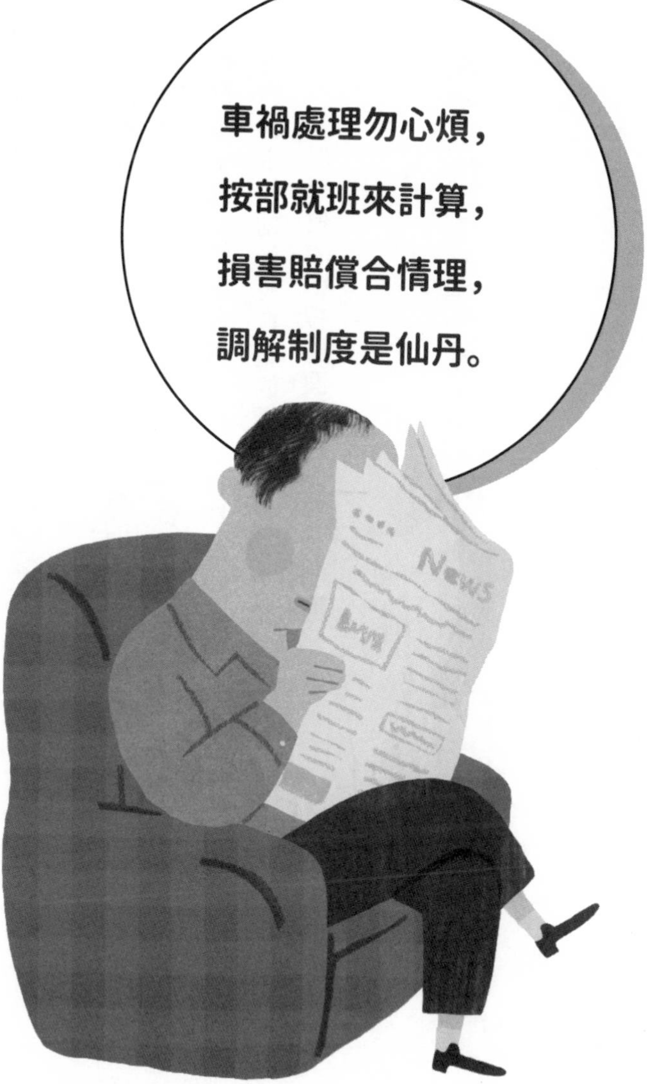
車禍處理勿心煩，
按部就班來計算，
損害賠償合情理，
調解制度是仙丹。

## Q：發生車禍事件，我的損失到底要怎麼算？

A：請記得法庭上是講證據的，所有的單據記得要保留。行政交通程序上的有：警察局的報案三聯單、交通舉發單、裁決書等等。民事損害賠償的部分有：驗傷單、醫療費用單據、修車費用、因為無法使用車輛而衍生的交通費、因為受傷請假不能上班的薪水、精神慰撫金的衡酌資料（這個最難），通常需要衡酌兩造的資力、年收入、受傷導致的影響層面……等等，請盡量蒐集。

## Q：我沒有時間或金錢去提訴訟，該怎麼辦？

A：請善用調解制度。

（一）依據「鄉鎮市調解條例」規定，鄉、鎮、市公所都設有調解委員會，辦理民事事件及告訴乃論之刑事事件的調解。

（二）無論是車禍肇事的加害人或被害人，都可以主動申請調解，由具有法律或其他專業知識及信望素孚的公正人士擔任調解委員。他們都會本著和平、懇切的態度，作適當的勸導，酌擬公正合理辦法，力謀雙方的協和。調解事件，對於當事人是不會作任何處罰的，目的就是要達成雙方都同意的條件，擬定和解方案，寫成調解書。

（三）調解，除勘驗費應由當事人核實開支外，不得徵收任何費用，或以任何名義收受報酬。

（四）雙方達成協議後，由調解委員撰寫調解書，記載：調解事由、調解成立之內容等等。

（五）調解經法院核定後，當事人就該事件不得再行起訴、告訴或自訴。經法院核定之民事調解，與民事確定判決有同一之效力。

## Q：接到交通罰單真是不爽，別人也違規啊？為什麼只抓我？

A：

（一）交通罰單，是一種「干涉行政」，就是國家透過行政行為直接干預人民的權利，或是課與人民義務與負擔。這是行政法對於人民生活的各種影響，例如課稅、徵收土地、禁止公共場合吸菸等都是。

（二）這些政府行使公權力的行為，尤其是要使用裁罰手段時，必須受到行政法的規範，避免以維護公益之名、行侵害人民權利之實。

（三）行政法有許多重要原則，包括依法行政原則、比例原則、平等原則、明確性原則、誠實信用原則、信賴保護原則（好了，忍耐一下快講到重點了）。其中的「平等原則」，衍生出來的重點有：行政自我拘束（生日既然送禮物給老婆，每年都要做到！），禁止恣意（不可以因為老公態度不佳就不給他晚餐吃），還有就是：不得主張「違法的平等」。

（四）自己違法，即使發現有人相同違法卻未被罰，也不能以此要求放過自己，獲取免罰。就算行政機關真的漏罰他人，這也是執法人員的疏失，不可以據此免受處罰。

**Q：好啦！那收到交通罰單到底要怎麼申訴呢？**

A：接到罰單，不要心煩。

（一）收到「舉發違反道路交通管理事件通知單」（紅色的，俗稱紅單），上面記載若是「逕行舉發（附採證照片）」，例如停紅線、超速等等，不是當場被警察攔查的，會「以車找人」，依照車牌號碼寄送車主地址（就是買車的時候，向監理機關登記的地址），自然人大多是戶籍地，車主是公司時則是公司登記地址。

（二）若當場被警員攔下，會請你拿出身分證或駕照登記戶籍地，如果你不居住在戶籍地，或者半年才回去一次清信箱的，最好還是陳報一下「現在地址」，例如租屋處、辦公地址等等，確保你可以接收到所有的程序通知喔！有人很生氣當場拒絕簽收罰單，這不會改變你被警員舉發的狀態，反而增加後續程序的繁瑣。建議還是先簽收，然後依法申訴、提起訴訟。

（三）紅單上的「注意事項」請仔細看：

（1）若勾記「得採網際網路、語音轉帳、郵繳或向經委託代收之機構繳納罰鍰」者，請依背面列印之罰鍰繳納方式向代收機構繳納罰鍰。

（2）若勾記「需至應到案處所聽候裁決」者，須依應到案日期、處所，持本單到該處所聽候後裁決。這裡的「應到案處所」，例如縣市政府交通事件裁決所、縣市監理站、監理所等。

（3）若不服舉發事實，可於繳納罰鍰後，申請裁決書，並於收到裁決書三十日內向地方法院行政訴訟庭提起行政訴訟（請參考道路交通管理處罰條例第9條、行政訴訟法第237條之1以下）。

**Q：冤枉啊！大人，車子被舉發違規的時候，開車的不是我，該怎麼辦呢？**

A：

（一）每一輛車子在監理機關都有登記，是因為管理需求，定期檢查、確認第三人責任險、繳交燃料稅的義務等等。每個車主使用汽機車，目的是運輸便利或作為生財工具，但是也要對它產生的危險因素以及違法事由負責。汽機車違反交通安全管理處罰條例的情況，原則上是「以車找人」，若能證明違法當時並非車主駕駛，在法律上稱為「歸責」，車主就可以將違法責任交由駕駛人。不過有些會連帶處罰車主的情況（例如吊銷行車執照），有時候僅處罰駕駛人，視違法的法條而定。

（二）所謂辦理「歸責」，就是車主收到紅單，發現當初違法駕駛者是另有其人，千萬記得要在紅單上的「應到案日期」前，檢附證據，向處罰機關辦理「歸責」（就是明確地證明：「開車違規的人不是我！」）。為使真正應歸責者為自己的交通違規行為負責，也慮及監理、巡行舉發交通違規之處罰是大量而反覆性的行政行為，所以要求受舉發人必須在一定時間內，檢證告知處罰機關。逾期未依規定辦理，車主仍會受處罰。換言之，逾期未依規定辦理歸責之受舉發人即汽車所有人，即視為實施該交通違規行為之汽車駕駛人，並生失權之效果，不可以再就其非實際違規行為人之事實為爭執（請參考道路交通管理處罰條例第85條第1項）。

# [輯五]

# 家庭裡的法律戰

# 世界上最難的選擇題

妹妹問：「媽咪，如果我跟哥哥掉進海裡，妳會先救誰？」

媽咪轉頭問爸爸：「如果我跟女兒掉進海裡，你會先救誰？」

車內雖有冷氣，爸爸額頭卻開始冒汗。

這真是世界上最難的選擇題啊！

爸爸看著媽媽，說：「……我一定先救妳啊！」

夫妻一場，重情重義的爸爸真是令人感動。

「已經讓孩子們去學游泳了，應該自己游上岸，」爸爸無奈回答，「如果沒救老婆，讓別人救了妳，從此晚上睡覺，我都要預防有人會用枕頭壓在我臉上。」

雖然人人有作證的義務，必須講實話，但是知道爸爸做此選擇的原因後，也不禁開始懷疑自己當初是否太認真念書，考卷上的選擇題都答對了，卻不懂得如何挑選好老公。

身經百戰的媽咪，經過重重考試，終於成為一個法官，以為從此可以不用再回答那些讓我覺得很厭煩的考卷。

沒想到，做了二十幾年的法官，每次上法庭，都是在做選擇題，而且是世界上最難的選擇題。

父母親離婚，孩子扶養監護權要判給誰？

植物人久臥病床，太太說要拔管讓他自然過世，父母親卻說捨不得，堅持要等待醫療奇蹟出現。要聽誰的？

心狠手辣的無差別殺手犯，到底要讓他早日執行死刑？還是等他悔悟期待教化可能性？

一犯再犯的毒癮者，屢勸不聽的酒後駕駛人，就是忍不住動手打妻子兒女的失業爸爸……到底他們應該進法院，還是進醫院？

種種涉及人性的難題，讓我這個善於考試的人，在每個案件中，遲遲無法選擇「正確的」答案。

而又是誰可以來決定這個答案是「正確的」呢？遵守法條規定就可以嗎？順從大眾民意就不是恐龍嗎？或者該考慮媽祖的托夢，還是閻羅王的警告呢？

「媽咪講什麼閻羅王，好恐怖喔！」妹妹雙手摀住耳朵不敢聽。

媽咪不是要嚇妳，「做壞事會下地獄」、「善有善報、惡有惡報」，確實是人類自古以來廣為流傳的想法，宗教以及道德領域，以這種方式確實也達到遏止犯罪的效果。善與惡間，不也是一種選擇嗎？

可別小看這「選擇」的意義。當我們可以擁有選擇權的時候，每個人基於自己的意志，無論是市場商品、工作、住家地點、投票、表達公共議題意見，都可以自由選擇，前提是不干擾他人、不以侵害他人權益為目的。常常說法律是道德的最後一道防線，倒不如說，法治就是遊戲規則的建立，真正地在解決公民社會的各種問題。看起來是硬邦邦的法律規定，但其實已經蘊含了利益權衡以及符合人性的選擇結果。

「我選擇了你，你選擇了我，這是我們的～選～擇。」爸爸隨著廣播歌曲哼了兩句，展現歌喉，但也可能是藉此要打斷媽咪講了千百次的正義之辯。

媽咪豈是省油的燈？來來來，繼續問你們。

如果兩人同時落海，岸邊僅有一個救生圈，救生員應該要丟給誰呢？救了一個、另一位會被犧牲，該如何選擇？法律會不會譴責救生員的「見死不救」呢？

「……嗯，即使是救生員，也沒辦法同時救兩個人啊！」哥哥上過游泳課，很清楚這個問題。

所以，法律上有個「緊急避難」的規定，就是衡量過人性，知道在急迫情形下，就算是為了自己的生命身體危險而出於不得已的行為，是不罰的。電影中常看到的，登山的人互綁繩索，當一人墜落時，另一人不得不把繩索砍斷，以保住自己的性命，就是這樣的情節。

「那我現在口渴，不得不把妹妹的汽水喝掉，也算緊急避難囉！」哥哥伸手要搶妹妹的飲料。

妹妹快哭了，「怎麼可以～」哥哥，你這叫狡辯、欺負人啦！

喝水、吃飯，是維生的必要條件，看似簡單的事，如果自己無法選擇，該怎麼辦呢？

在美國佛羅里達州，有一位婦女泰莉，因為心臟病導致腦部受損，從一九九〇年以來就呈現植物人狀態，必須依賴醫療維生系統才可以延續生命。泰莉的先生麥可還特別去學習護理照顧的專業知識，陪病在床，無怨無尤照顧很多年。但是幾次醫學診療判斷，泰莉的腦部皮質已經液化，不可能回復。可是她的父母相信泰莉其實是有反應的，尤其是在聽到她熟悉的歌曲，或者父母的呼喚時，但從醫學角度定義泰莉的「行為」，其實是腦幹與前腦的反射性，而非認知性功能。

「唉～好難過的故事。」妹妹真的想哭了。

麥可從一九九八年開始至法庭訴求拔除泰莉維生系統，並舉出很多證據，說泰莉曾經明確表示：希望自己永遠都不要處於一種「就像在棺材裡醒來，而且要永遠待在那裡」的處境。但是泰莉未曾留下表示此意願的文書，她的父母則是不計一切代價希望泰莉活下去。

泰莉的丈夫、父母各有立場，出發點都是為了愛。此時，該由誰來決定是否拔除維生系統呢？

「這真是世界上最難的選擇題。」哥哥也不禁猶豫了起來。

爸爸嚴肅回應：「這個案件，歷時七年，纏訟過六個法院，上訴十四次，泰莉的維生系統被拔除三次又裝回。請願、聽證不計其數，還涉及到美國聯邦法院與州法院的憲法爭議。」

哥哥急著問：「然後呢？法官怎麼判？」

「二〇〇五年三月三十日，泰莉的父母敗訴確定。泰莉臥床十五年，在拔除維生系統後數日即過世。」爸爸回答。

哥哥妹妹鴉雀無聲，車內氣氛有點凝重。

爸爸繼續報告：「還好我們國家已經通過《病人自主權利法》，二〇一九年一月六日正式施行，透過預立醫療決定書，將選擇權回歸病人，可以決定自然善終，不加工延長生命。」

「是啊！」媽咪感嘆，「法院判決意旨說：從泰莉的角度而言，配偶是她自己選的，父母血緣卻非她選擇而產生。父母所認識的是女兒泰莉，但她先生認識的，是成年後的泰莉。」媽咪深深看了爸爸一眼，「所以讓自己選擇的配偶來作代言人，才是真正尊重個人自由意志。」

妹妹恍然大悟，「喔，原來選擇老公的條件，就是想想看，有朝一日，妳是否願意讓自己的維生系統在他手上被拔掉？」

媽咪轉頭看看爸爸，嗯～何必把這個世界上最艱難的選擇題留給他呢？再看看哥哥妹妹，孩子又如何能揣測父母的心意呢？

明天就依照病人自主權利法去做註記，明確地表達自己的想法，不留遺憾。

不過，在此之前，「各位，晚餐要吃牛肉麵還是蛋炒飯？」這麼簡單的選擇題，就用舉手來表決吧！

## 簽名的效力

吃完雙仁蛋黃的月餅，大啃炸雞排（以代替烤肉），哥哥妹妹終於心滿意足。「來，一人一頂快戴上。」媽咪興高采烈拿著柚皮帽給他們，「不要破壞我的空氣瀏海！」妹妹尖叫逃開。「拿來當足球踢剛好！」哥哥伸腳一踢，柚皮帽撲通一聲進垃圾桶了。

啊～歲月，還我的可愛小孩來！

只有爸爸恆久不變，捧著啤酒，開始吟詩誦詞，那一千零一首：「……明月幾時有？把酒問青天。不知天上宮闕，今夕是何年？」

思慮不週啊！一定是中秋節的夜色太昏暗，媽媽才會在腦筋一片混亂之下，簽了結婚契約書。

「原來爸爸媽媽是在中秋節結婚的啊？」哥哥妹妹恍然大悟，「所以就以月餅權充喜餅囉？」沒錯！而且依照習俗，新娘不可以吃自己的喜餅，害我口水流滿地。

當初是配合兩人生肖，特地選了黃道吉日，據說這一天結婚可以百年好合、多子多孫、福裕延綿。

爸爸走去冰箱再拿一瓶啤酒，故意用媽咪聽得到的聲音說：「這不是驗證了嗎？」

「以後我結婚，說不定要採取高空跳傘、海底潛水方式，電影院婚禮，太空艙婚禮都可以。」哥哥興奮地規劃。

妹妹呢？芭比的盛宴？

「我才不要！」妹妹回答，「我不要結婚。」

媽咪尊重你們的選擇，不過你們現在回答，是不是太早了？學校的聯絡本都還沒給我簽名，就想著結婚的事。

「媽咪給我看你們的結婚契約書。」妹妹央求。

咦？應該找不到了吧？當初去戶政機關辦完結婚登記，身分證上配偶欄增添了名字之後，回家把結婚證書隨手一扔，說不定已經進回收箱了。

「我要是這樣回答，不是被妳罵慘了……」爸爸碎碎念，媽咪瞪他一眼，爸爸又趕緊走開把啤酒罐丟進回收箱。

「班上同學有人偽造他爸爸的簽名，請假去參加女校的校慶。」哥哥說道，「被老師識破。技巧太差了，應該多練習一下。」哥哥感嘆。

這是什麼心得？哥哥，簽名這件事情，不能隨便代理或偽造的，真的假的，一定要分辨清楚。

「對啊！網路上在賣BTS隊長的簽名照，一張好貴，也不知道是不是真的？」妹妹大嘆。

「職棒簽名球、簽名T恤、各種紀念款鞋、書籍封面……常常都有簽名在上面。價值躍升百倍啊！」哥哥也呼應。

這種簽名的價值，追星族的你們可以理解。但是，簽名的真正意義，是在表達或確認某件事情的效力，不能當作兒戲，更不可以偽造簽名。

「你們學校的請假單，上面有家長簽章、導師簽章、輔導教官簽章、學務主任簽章……一層層一關關地確認，」爸爸看了說，「比我審閱商務契約還要嚴格。」

對啊！未滿二十歲的學生，既然到學校接受國民義務教育，就要接受學校的管理制度。就像上班族或公務員，都要遵循工作場域的工作規則。請假，是一種權利，但也是一種遵循義務的程序。上課，要有一定的堂數，才可以拿到學分。上班，也要有一定的時間付出勞務，才有薪資可領以及累計年資。學生請假，攸關自己的就學權利，上班請假，涉及代理人支援工作的情況，都需要一定的規則。大家都遵守，才能預先準備，互相配合。

「為了參加女校校慶而虛偽製造藉口請假，未免也太遜了。我們當初都是直接爬牆出去……」爸爸開始提到當年勇……這下子該媽媽去廚房拿水果刀教訓一下……喔不，是切柚子來吃，大家慢慢聊吧！

「哥哥，你覺得偽造簽名有什麼問題嗎？」媽媽問。

可能是因為媽媽持著刀子的關係，哥哥很誠懇地回答：「嗯～好像不太對……但是這有什麼關係啦！不過是請假的小事一件！」

「你覺得偽造簽名請假沒關係，下次你就會覺得冒名用他人姓名寫恐嚇信也無所謂，再下次你就以為在支票上偽造簽名也可以……」媽媽揮著刀子，愈講愈激動。

「唉呀媽咪，別這麼緊張，大家都是求方便，又沒有造成什麼危險或損害。」哥哥趕忙解釋。

問題是，學校的請假規則明文規定，需要家長的簽名，這是父母身為未成年人的法定代理人的監護責任啊！如果父母自願放棄不管，放任孩子代為簽名，父母難道要事先簽署聲明書：「孩子自主決定請假與否，家長不過問。」可是，家長及學生可願意承擔被記過、請假時數過多、學分不足導致無法畢業的後果？這豈不違反學校教育之目的與責任？家長任由孩子偽簽父母姓名，這樣消極地不盡監督責任，是不是也需要打 113 專線來處理一下呢？如果學生偽造導師的簽名，就跟擅改考卷成績一樣，不但破壞了人家對你的信任，更違反公平競爭的原則，造成虛偽不實的結果，這是一定要認真追究倒底的。學生為了一時方便，擅自偽造簽名，到底有沒有刑法偽造文書罪的問題呢？請正視這種事情的嚴重性，不可以輕忽看待。

爸爸嚴肅回答：「不要小看簽名的效力！一旦簽名，就代表你在法律上要負責、要遵守白紙黑字的約定。」

哥哥妹妹鴉雀無聲，乖乖點頭。

「像爸爸當初寫情書給媽媽，就很勇敢地簽上自己的名字。」爸爸換成一副狀似誠懇的臉，「所以我就負責到底，娶了她！」

這是什麼結論？難道我有拿刀逼你嗎？

爸爸看著天上的月亮，深情地說：「但願人長久，千里共嬋娟。」

## 我們來交換

「每天每天上學，好煩！」哥哥妹妹抱怨。

「每天每天上班，好煩！」爸爸媽媽嘮叨。

不如，我們來交換？

讓媽媽去妹妹班上當學生，最好是聽到男生嘲笑自己很胖。因為妹妹當初聽了這些話，就哭著打電話給媽媽，說不知道怎麼辦？

怎麼辦？簡單啊！一腳踢過去就是了（大誤～）。

或者是，讓爸爸穿回高中制服，然後看到同學考試在作弊。

正義凜然的爸爸，到底會出面制止，還是乾脆一起狼狽為奸合作下去？

我們交換的結果，哥哥變成在事務所擔任律師，遇到千夫所指、萬人皆曰殺的犯罪嫌疑人，到底要不要幫他辯護呢？

那麼妹妹就應該在法庭審理監護權該判給誰的案件，妳又會怎麼下決定呢？

「媽咪請不要再說了，我們還是不要交換好了。」哥哥妹妹想想，還是乖乖當學生最幸福。

所以啊！每一個人都有自己的角色，在什麼位置就該做什麼事，無論是國家大事或者柴米油鹽，各盡本分，不要虛空說夢，切忌好高騖遠，做好分內的事，就是每個人對世界最大的貢獻。

「嘻嘻嘻嘻～」哥哥妹妹看著一則報導，笑的好開心。

「媽咪妳看，這對雙胞胎真是好玩。若我有個雙胞胎弟弟，我也想這樣做。」哥哥十分欣賞崇拜。

又不是四月一日愚人節，這兩位寶貝居然想到兩人互換制服，到各自的學校班級去，後來還是被同班同學發現拆穿了。其中還有一位考了一個小考，是不是？

你們覺得這樣很好玩嗎？

媽咪高中時，愚人節當天，有兩班同學全部交換座位。老師來上課，愈來愈覺得奇怪，後來還是發現了，結果老師大怒，要求訓導主任（現在叫做學務主任）及教官嚴格處罰全班。

「喔！妳們更狠！」哥哥驚訝。

可別小看當時的高中女生，頑皮起來也是挺驚人的。後來校長以及老師還是決定給學生們一個機會，命令全班做課後服務，掃操場、寫悔過書，就此結案。現在每年愚人節都有搞笑事件，而且愈來愈新奇古怪。學生創意固然可愛，但是界線可要拿捏得當，若不小心越過法律界線，自傷傷人造成不可彌補的後果，這可跟自娛娛人的幽默目的相距甚遠了。

據報紙記載，這次雙胞胎學生互換事件，學校還是做了一點處置。站在家長以及老師的立場，當然能夠體諒學生並非惡意隱瞞，而是出於搞笑，不過學校也是要嚴正地告誡：如果冒名考試造成欺騙的結果，真的可以一笑置之嗎？

「唉呀大家都是好玩嘛！又沒有造成什麼嚴重的結果。」哥哥不以為然。

十二歲至十八歲的孩子，如果觸犯刑罰法律，是由少年法庭依據「少年事件處理法」處理，基於保護未成年人的立場，希望以教育代替處罰，給予少年改過向善的機會。但是孩子可不能拿仗恃著這個保護傘，以為做什麼事都不用負責，法院仍然會視犯罪情節輕重，給予訓誡、假日生活輔導、保護管束或感化教育的處分（少年事件處理法第29條、第42條）。

如果少年犯了嚴重的罪（最輕本刑五年以上）或者情節重大者，還是會裁定移送給檢察官偵查的，適用一般刑法，視同成年人犯罪。

「這樣子喔～還有同學在出價徵求補考槍手，因為補考通常都不會檢查學生證……」哥哥小聲咕噥著。

「敢作敢當。沒念書還要叫人代考？」爸爸聲音從客廳傳來，「以假亂真、以詐術獲得不當利益，這是詐欺罪。」

咦？你不是在看電視的政論談話節目嗎？你到底在評論誰啊？還是喝杯茶，平心靜氣地看旅遊頻道比較有益健康吧。

「其實，你們的外婆也曾經搞錯過呢！媽咪的二哥三哥是雙胞胎，外婆當初開美髮院，非常忙碌，剛滿月的孩子只能放在搖籃裡，聽到哭聲，外婆就趕快餵奶。有一次二舅舅一直哭不停，怎麼哄都沒用。只見三舅舅在一旁笑的很開心，然後就吐奶了……」媽咪彷彿在場看過一樣，講述著這個回憶。

「難道外婆重複餵奶了？」妹妹哈哈大笑。

「難怪三舅舅現在比較胖。」哥哥下結論。

呵呵，是不是這樣我不知道，但是媽咪很羨慕有雙胞胎的感覺。這世界上居然有一個人跟你很像（或者根本不像），而且是搭同一班車抵達這個世界，一輩子都會牽連在一起，偶爾若被人認錯，彷彿有雙面的人生。

「當初也以為妳會生雙胞胎，一定很好玩，結果……」爸爸也在咕噥。

咦？生小孩難道是我一個人的事嗎？你不用負責嗎？當初你不想要生小孩，我還威脅說要告你……

「咦？真的嗎？媽咪妳告贏了嗎？」哥哥妹妹十分好奇，追問著要答案。

沒有贏，你們兩個怎麼來的？

雖然法院不是媽咪開的，不過同仇敵愾的同仁不少，都說要幫我討回公道，還有人說要負責強制執行。

「哎哎孩子還小，講這些幹什麼？」爸爸回。

「哎呀，我們課堂上早就有教過了！」哥哥妹妹不以為然。

你們也太人小鬼大了吧？課堂上該學習的東西很多，禮義廉恥四維八德、青年十二守則會背了嗎？要知道倫理與道德乃做人之基本，老祖宗留下的智慧之語要珍惜，並且真正實踐在生活裡……

「媽咪，我們來交換。」哥哥妹妹打斷媽咪的萬言演講，「今天妳跟爸爸當孩子，請去吃零食、看漫畫、耍廢。晚餐就由我們來準備了。」

媽咪熱淚盈眶，「真的嗎？孩子也懂得孝順了。」

哥哥妹妹很有把握地走進廚房，「我們來煮泡麵！」

# 意外的爸爸

「媽咪，妳在看什麼？」妹妹好奇地湊到書桌前，看著我手上一本藍色封面、泛黃紙張的日記本。

「這是妳外公的日記。」媽咪忍住眼眶中的淚，默默收起來。

「我小時候，外公都會說：妹妹我帶妳去逛家樂『湖』、大潤『花』，買好多糖果餅乾。」妹妹無限懷念。

是啊！媽咪工作忙，外公外婆都是媽咪的救火隊，常常要請他們來家裡照顧妳跟哥哥。

「我最愛跟阿公逛玩具店。」哥哥說道，「有一隻鋼彈限量版很貴，阿公帶不夠錢，但是我跟阿公說，萬一第二天就被別人買走，怎麼辦？阿公晚上就馬上去買了。」哥哥真是有詐騙集團的潛力，阿公也甘心被騙吧！

「我對於內公內婆沒什麼印象耶！」妹妹說。

「什麼內公內婆？是妳的爺爺奶奶，我的爸爸媽媽啦！」爸爸啼笑皆非回答。因為他們年紀較大，老天爺提前召喚去他們去天上當神仙，當時你們還很小。

「沒有爸爸媽媽的日子，應該怎麼過？」妹妹突然很傷心。

所以媽咪看到阿公的日記本，心中特別感傷。尤其今天是父親節，真希望可以跟爸爸一起吃頓飯，看電視，再享受一次這平凡的幸福。

妹妹遲疑一下，趕快去倒一杯茶，畢恭畢敬地端給爸爸。

爸爸翻著報紙，嗯一聲算是謝謝。其實嘴角泛起微笑，得意極了。

「爸爸只有一個，要珍惜。」哥哥趕快拿著扇子幫爸爸搧風，可能有幾科不及格的成績單要爸爸蓋章了吧，先熄火再說。

親子之間的感情，錯綜複雜，有時候發生的故事，比小說還要離奇，比電影還更戲劇化。

還記得我們一起去看的那部日本電影《我的意外爸爸》？婦產科護士嫉妒別人的幸福，偷偷將兩個新生兒交換。六年後，真相大白，兩個家庭如何面對這人生的意外？

一個是菁英爸爸，成功典型建築師，另一位是郊區水電工師傅，自在隨性。到底哪一方才是最適合孩子生長的家庭？

「真的發生這種事情，怎麼辦？」妹妹很擔心。

電影中的故事鋪陳，有溫柔而體諒的一面。但是現實上的親子關係，還是要依據法律規定。法律上的親子，有來自血緣關係的、也有收養成立的。

「子女應孝敬父母。民法第1084條。」爸爸馬上背出來。

「第二項：父母對於未成年子女，有保護及教養之權利義務。」媽咪隨口接上。

要比記憶力嗎？第一次約會時，你過馬路自顧自走，完全忘記牽我的手；第二次約會時，看電影居然睡著了還打鼾；還有，第三次約會時……（以下刪除幾萬字）

爸爸喝茶突然嗆到，咳聲不斷，趕快逃到浴室去。

「媽咪，美國有個十六歲女兒告她爸爸，因為不給她錢買手機。」哥哥看網路新聞，大開眼界。

「媽咪，也有爸爸告子女要討贍養費，但是法官判不用給的耶！」妹妹也發現了。

唉～媽咪在法庭上看到的故事，一千零一夜都說不完啊！

媽咪就遇到一個中年大叔在法庭上哽咽掉淚，害得我自己也差一點失控。

「媽咪不要哭。」哥哥趕快拿張衛生紙給媽咪，「我以為只有爸爸會惹你哭，想不到其他人也會。」突然聽見爸爸在浴室大聲咳嗽。

「到底發生什麼事情？」哥哥妹妹都很好奇。

那位大叔的父親，在他小時候就離家，無消無息，是他媽媽一個人含辛茹苦扶養三個小孩，只能租房子住，他們一再更換租屋地點，也忘了去戶政機關辦理戶籍遷移的事。三兄妹靠著打工、助學貸款完成學業，好不容易他自己也成立了家庭，買了房子，終於讓他媽媽得以過好日子。

可是大叔的父親突然回來了，社會局通知大叔去領取遺體。

「什麼？」妹妹摀著耳朵不敢聽下去。

從小只在身分證上出現的父親，在安養院裡走完人生最後的路。在此之前，社會局曾經發函多次到他原本登記的戶籍地，通知他們要去繳交幾年來的安養費用，但他們早就不住在那兒了，經過層層的調查以及尋找，終於找到他們三兄妹。依據法律規定，父母子女互負扶養義務，所以要他們償還費用。

「可是這個爸爸，從來沒有對子女負過責任啊？」哥哥很不懂。

在父親離家這段期間，他們根本不懂得去聲請宣告失蹤人口，媽媽也沒有提出離婚的訴訟，更別提孩子們會想要提出「免除扶養義務」的訴訟。

「爸爸小時候沒養孩子，老了就不能要求孩子養他，是這個意思嗎？」哥哥問。

「嗯～法律上叫做『無正當理由未盡扶養義務』，民法第1118條之1的規定。」

爸爸終於出現，回答：「每個不幸的家庭，都有不一樣的辛酸故事。」

以前人家說，養兒防老，現在的父母卻是，養老防兒。

「所以妳現在給我們零用錢，我要存起來，以後老了還妳嗎？」妹妹問。

不用啦！妹妹。教養，是父母的權利也是義務。兒女孝敬父母，也一樣。這不是做買賣談交易，不是以物易物，更不是用青春歲月換一張老了之後的長期飯票。

但我們不得不承認，這世界的確有怠忽的父母、也有不盡責任的子女。例如這位大叔的父親該負扶養義務，若真的有事實證據他根本未盡到責任，法律也不得不承認，此時強迫子女要盡孝道，也太過悖離人性。

「可是這種撤銷扶養義務的訴訟，是向後生效。也就是必須去法院正式提起訴訟，獲得勝訴之後，才可以免除扶養責任。」爸爸嚴肅回答。

所以這位大叔，對於他父親生前積欠的安養費，政府認為這是暫時幫你代墊的扶養費用，終究要大叔以及他的兄弟姊妹一起擔起責任。

「那沒有生小孩的人怎麼辦？」妹妹開始擔心，她打算以後不要結婚不要生小孩。

老人照顧問題涉及國家福利政策，要怎麼擬定，真是大哉問啊！

我國傳統認定的血緣關係，應該成為孝親撫養的唯一理由嗎？社會福利是慈善行為還是全民分擔風險呢？「人不獨親其親，不獨子其子，使老有所終，壯有所用，幼有所長，鰥寡孤獨廢疾者皆有所養。」禮運大同篇的理想，可以在這個世代實現嗎？

「媽媽別煩惱了，皺紋會增加喔！」哥哥貼心提醒。

爸爸大徹大悟，立馬提議：「今天父親節，我們一起去跟外公、內公上香，跟他們說我們都很幸福。」

然後呢？

「當然是去大吃美食，感謝我這個負責任的父親啊！」爸爸肯定地說。

# 最浪漫的話

「媽咪，當初爸爸怎麼向妳求婚呢？」妹妹人小鬼大，總是愛問東問西。現在的求婚儀式，不是要在東京鐵塔上大聲吶喊嫁給我、就是要去綠島潛水時突然秀出鑽戒，總之要給新娘一個驚喜。媽咪當初的驚喜……應該是終於有人願意忍受我的壞脾氣、不會做家事、不美艷也不溫柔，居然有人願意要跟我共組家庭，既然婚姻是個契約，想想爸爸也是念法律的，應該懂得契約的內涵，就很自然地開始規劃日期、喜餅、祭祖、看日子、選餐廳……

「其實，媽咪知道最浪漫的話，是阿公跟阿嬤求婚時講的。」媽咪回答。

「真的？那個時代會講浪漫的求婚詞？」哥哥大為驚訝。

民國五〇年代，還在農業社會轉型中的臺灣，每個家庭動不動就有十個八個小孩。阿公是長子，有四個弟弟五個妹妹（就是你們的叔公還有姑婆），孩子就是人力，所以阿公小學畢業就去工廠做工，幫助家庭經濟。眼看阿公即將要去服兵役了，家裡老老小小誰照顧呢？於是他便找一個身強體壯、樂觀開朗、個性大方的女生，告訴她：「請妳一起來協助我改善我的家庭。」

然後那個被愛情沖昏頭的女生，義無反顧地說：「你放心去當兵，家裡有我。」

這是我聽過，最浪漫的話。

「什麼？……這應該是國防部的募兵廣告臺詞吧！」哥哥驚訝地說。「阿嬤就這樣答應阿公的求婚？」

當初兩人都滿二十歲了，自由戀愛，有什麼不可以？

「行政院於二〇二〇年八月十三日通過《民法》部分條文修正草案共三十八項。」爸爸翻開報紙，大聲念出來：「修法重點包括成年年齡自二十歲調降為十八歲，男女結婚年齡統一為十八歲，預定二〇二三年元旦實施，青年滿十八歲即可租屋、開戶、擔任公司發起人或董事。」

「十八歲……ㄟ你們兩個加油，我想趕快當阿嬤。」媽咪催促。

「我們還有功課要做，謝謝再聯絡。」兄妹兩人想離開客廳。

等一下，你們不想聽聽浪漫的愛情故事嗎？

「你們的愛情故事？」哥哥妹妹很懷疑，「你們不是公事公辦，一切依據法律條文嗎？」

是阿公阿嬤的啦！

話說阿嬤嫁過去之後，在竹南鎮上開設美容院，阿公的爸爸媽媽實在無法負擔養育這麼多孩子的壓力，所以想要把四姑婆出養。

「出養？」妹妹問，「跟出家一樣嗎？」妹妹很擔心是不是不能吃肉了。

這完全不一樣啊！所謂未成年人的出養，是原生父母讓自己的兒女成為他人的養子女，養父母與被收養者，原本血統上無關係之人，透過法律擬制而具有法律上親子關係，所以稱呼「法定血親」或「擬制血親」。

「怎麼會有人捨得把孩子送走呢？」妹妹不解。

（其實好幾次氣到想把妳丟進回收桶……媽咪忍住不說。）

（錯誤示範！千萬不可模仿，請忽略前述內心戲。）

更早之前還有童養媳制度，「例如，在哥哥小時候，就招募一個年齡相仿的女孩來，讓她在家做很多事情。長大了就直接跟哥哥結婚。」爸爸插嘴解釋。

「這簡直是太恐怖了！」哥哥抗議，「為什麼我娶老婆這件事從小就要被父母決定？」

（唉～長大了自己決定婚事也不見得好，你看媽咪也是被愛情沖昏了頭，看到學長就嫁了……以下省略一萬個不浪漫的故事。）

親子、婚姻、家庭的組成，基於個人的自由權保障之下，都是人性尊嚴的顯現。因為歷史背景及文化因素而衍生的各種習俗制度，有哪些是值得延續的，絕對必須從尊重人性的角度出發。

以前是媒妁之言奉父母之命，現在是尊重雙方意願自行締結婚姻；以前是隨意出養，現在是絕對以子女利益優先的收養規定，都是保障人民自由權利的進步。大家都說法律是道德的最低標準，但有時候法律也必須扮演著引領時代的角色，隨著社會脈動而調整，落實各項權利保障的具體措施。

「媽咪，感謝妳沒有把我送出去當童養媳！」妹妹突然淚眼汪汪地抱住媽咪。

當初阿公在馬祖當兵，聽到他的四妹要被送走，連忙聯絡阿嬤，叫她無論如何要湊錢去把四姑姑帶回家。

「所以四姑婆對阿公最孝順，每次都會買水果來給阿公阿嬤吃。」妹妹總是記得帶美食來的人。

阿嬤當時要照顧公婆、四個小叔五個小姑，還有自己的爸媽、三個弟弟三個妹妹，簡直像是領導一個軍隊一樣。

「當初阿嬤也像妳一樣立下很多法令要大家遵守嗎？」哥哥又白目發問了。

怎麼會需要呢？在法律還沒有被制訂出來之前，許多道德美意就可以讓家庭社會幸福運作。互相尊重、誠實、公平、公開，這些都是維繫家庭與人倫的基本原則。阿嬤總是照顧他人、無私付出，多年下來，大家都感念在心，良善的循環與回饋，就是我們家族最好的傳統，也是她身體力行留給我們最好的禮物。

「媽咪，妳又在想阿嬤了對不對？」哥哥妹妹過來拍拍媽咪的肩，爸爸趕快遞張衛生紙。

嗯，世上只有媽媽好，有媽的孩子像個寶。

（僅以此文獻給我的母親張蕭貴美女士，她在二〇二〇年九月十六日平靜地從人生中畢業了。她樂觀開朗，寬宏大量，熱情助人，總是帶給周圍的人正面的能量，維繫了家族向心力。但願生生世世再續母女緣。）

# 說不出口的禁忌

媽咪的乾爸爸是外交官，很疼愛哥哥妹妹，每年都不忘記送他們生日禮物。乾媽是個畫家，還會將禮物包裝的美麗又有特色，哥哥妹妹收到禮物總是捨不得拆開。

妹妹自己縫了一個裝眼鏡的袋子要送乾爺爺，仔細地用白色包裝紙包裹好。

「嗯，還是用紅色的紙好了。」媽咪建議。

「有什麼關係嗎？白色很好看耶。」妹妹覺得媽咪大驚小怪。

是啦！日本人的結婚禮金是用白色的信封裝著（雖然有加上金蔥花樣），媽咪第一次看到也嚇了一跳。不過入境隨俗，還是要注意一下收禮人的年紀和觀念。

「情侶間不能送扇子、鞋子，也不可以送人家時鐘。」爸爸補充。

為什麼？哥哥妹妹不懂。

扇子就是會散，鞋子是請你走路（或是各走各的），送時鐘，就是「送終」，這些似是而非的傳說習俗，還是有人很在意，送禮時可千萬要注意。

「BTS的生日到了，粉絲會一起出錢在公車上懸掛偶像的照片喔！」妹妹說。

我看過，這簡直是太瘋狂了吧！（不過據說梁山泊與祝英臺電影主角來臺灣時，影迷到機場去迎接，也是萬人空巷的壯觀景象啊！我是聽其他「長輩」說的啦！）

「媽咪，有一個俄羅斯富翁把他的億萬遺產送給他養的狗耶！」哥哥驚呼。

是嗎？如果在我們國家，這樣的遺贈契約或是遺囑，可能無法執行喔！

繼承，在我們的文化裡，還是以血統為中心的思想，重視血緣關係，當然養子女的權益與親生子女是相同的，出嫁的女兒也是。繼承人、被繼承人以及繼承的順序，這些你們都在社會公民課本學過了吧？

「考完試，就還給老師了。」哥哥自首。

吼～你可別讓老師知道你爸媽的職業，否則我們真的是家教不嚴、疏失怠惰，說起來都要怪你那個不負責任的爸爸，整天看報紙，都不分擔教養的工作……（以下再刪除五萬五千字）。

「媽咪，不能這樣說，難道周杰倫的兒子就一定會唱歌嗎？」哥哥抗議。

他兒子會不會唱歌我不知道，你跟你爸爸一樣愛狡辯倒是百分之一百遺傳！

「我們很多人還是沒有寫遺囑的習慣啊！」爸爸放下報紙，「很多大企業家的後代，都是這樣上法庭訴訟，若是又有二老婆三老婆，更加複雜了。」

說的也是，民法規定遺囑的方式有四種，即使在公民課本教過了，學生們好像都還是記不起來，對於速食漢堡店的各種招牌口味倒是清清楚楚。

衛福部的LINE官網，三不五時傳遞各種健康衛教常識，警政署也有反詐騙的各種口訣、懶人包。攸關每個國民的重要規定：繼承、遺囑、遺贈、遺產分割，司法院也有做許多的法普宣導，地方法院的為民服務中心也可詢問。

說實話，就算宣傳海報貼了一堆，不去認真瞭解的還是不在意。其實，繼承事件，每個人都會遇到。秦始皇早就證明了長生不老的藥是騙人的，可是大家諱疾忌「死」，總覺得觸霉頭、不吉利，平常講這些事情做什麼？但是人生就像搭車，既然一定會到終站（還有人中途下車），為什麼不在觀覽沿途風景的同時，仔細思考後，選個心平氣和、理性安靜的時刻，把這些事情講清楚說明白，不僅尊重長輩的選擇，也讓自己的意願表達完整。

在法庭上，看到太多子孫後輩，爭取先人的遺產。祖先奮鬥許久，留下來的遺產，竟然成為破壞和諧的導火線，原本都是同一血緣出來的兄弟姊妹，反目成仇口出惡言，互相詆毀，找出一堆對方不孝的證據，來證明自己多麼克盡孝道……原來八點檔連續劇演的，都是真實的故事！

還有為了避免人家討債，病危的人趕快把他的財產過戶給他的孩子；明明就是已經躺在加護病房好久的父親，突然簽了房屋買賣契約；或者將銀行定存解除，交給某位孩子管理；兄弟們認為出嫁的女兒已經有拿過嫁妝了，不可以回來分遺產……各式各樣的故事，在法庭上演，這是最消耗各種正面能量的案件！

與其留下一堆引起後代子孫爭執的財產，不如生前就把財產規劃清楚，在合法節稅範圍內每年逐漸移轉，若想要簽定遺囑、遺贈契約，也要注意符合法定要件才可以生效。有許多遺愛人間的善良人士，願意將財產贈送給真正迫在眉睫需要的人，那真是令人敬仰懷念。

「ㄟ～媽咪也來交代一下好了。」媽咪想想。

日記是一定要燒掉的，有些祕密就一輩子隱藏吧！書本全部捐給圖書館或學校。媽咪已經簽了器官捐贈卡，又在醫學院兼課教書，當然願意繼續擔任大體老師。為了避免醫學生以後用手術刀劃錯活的病人，寧可他們先在大體老師身上多劃一刀。

之後，就採取樹葬的方式，選一棵臺灣特有的樹種腳下，給它營養。見樹如見人，你們也可以常常在樹下野餐，讓媽咪持續陪伴你們，守護這塊土地。

「媽咪，幹嘛講這些啦！」妹妹眼眶都紅了。

妹妹，媽咪因為愛妳，所以不想讓妳跟哥哥到時候陷入無法決定的難題，我們每個人都會遇到這樣的結局。阿公阿嬤當初就有跟我和舅舅說好，他們要用火葬，還要住在一起，靈骨塔也是他們事前一起去看過，位置也選好了。縱然捨不得，媽咪也是很感謝他們，讓我們在面臨離別的時刻，少了猶豫不決的痛苦，遵行他們最後的意願。坦然、平靜、沒有遺憾，阿公阿嬤面對生命的態度，是給我們子孫最後也是最棒的禮物。

「今年聖誕老人送你們的禮物，還喜歡嗎？」媽咪問。

「我很早就知道聖誕老人是媽咪了啦！」妹妹說。

那為什麼裝蒜？還煞有其事地寫信，列一張禮物清單？

「不寫的話，不就什麼都沒有了嗎？」哥哥妹妹一起鬼鬼地說。

## 誰來吃年夜飯

寒假快到了，哥哥妹妹跟同學們互相邀約，要在家裡舉辦睡衣趴替，看影片、吃零食、玩桌遊、真心話大冒險……最好是徵得爸爸媽媽的同意，在家裡過夜。媽咪上次一時心軟，讓哥哥同學到家裡來跨年看101煙火，結果隔天清晨，客廳沙發上地板上，一群睡的東倒西歪的臭男生，讓媽咪出門時得小心翼翼地跨過才行。真是……

「媽咪，小咪在問她可以到我們家吃年夜飯嗎？」妹妹向媽媽提議。

什麼？年夜飯耶！就算是妳最好的閨蜜，農曆除夕的年夜飯，也應該跟她家人團圓才對，怎麼會想到我們家呢？

「她很煩啊！她爸爸媽媽去年剛離婚，現在為了她要去誰家吃年夜飯，吵的不可開交。」妹妹很替她好朋友擔心。

真是遺憾呢！婚姻這件事情，牽涉到很多問題，如果有了孩子，在婚姻關係結束後，父母之間需要建立一種新的關係來共同撫養孩子，更應該互相尊重，以孩子的最佳利益為優先考量才對。

「小咪說，她媽媽是獨生女，外公外婆都希望有人可以回家陪他們。」妹妹感嘆，「可是她爸爸認為，既然小咪的監護權已經約定給爸爸，就應該跟爸爸回爺爺奶奶家。小咪說，希望自己有個雙胞胎姊妹就好，這樣一人一邊，就不會有問題了。」

喔，媽咪聽了也覺得心酸酸。不知道當初小咪的父母如何協議會面交往的方式呢？

「會面交往？」妹妹疑惑，「跟爸爸媽媽見面也要事先商量嗎？」

是啊，父母離婚後，對於未成年子女的監護，可以依協議由一方或雙方共同任之。如果協議不成，就要依照民法第1055條請求法院酌定。

「像小咪這樣，當初協議是監護權歸她爸爸，難道她媽媽就沒有權利要求她回外公外婆家嗎？」妹妹更不懂了。

當然不是這樣的。爸媽離婚了，只是他們之間的婚姻關係終止，對於孩子的扶養義務、照顧負擔，或者懲戒權的行使，都因為血緣關係還在，不可能結束的。只是雙方如果有協議由一方行使，就暫時以一方為主。但為了維持親子關係，可以約定好「會面交往」的方式與期間，或者由法院來依職權酌定。例如暑假前四個星期跟爸爸住，後四個星期跟媽媽住。端午節回爸爸家，中秋節回媽媽家。雙週的週末早上九點去接出來，晚上九點送回家等等。

「喔！我聽了都頭昏。我寧可自己跟同學約了去看電影。」哥哥打完籃球回來，滿頭大汗地發表意見。

唉～婚姻結束有千百個原因，但是孩子的監護教養工作，不會因為婚姻結束而改變，甚至可能會增加難度，大家都要重新適應新的生活模式，如果能夠相互配合，對誰都好啊！所以才說，最好在離婚之際，同時約定好監護的方式，包括見面時間、學費、旅遊費、生活費等支出的負擔比例。

「去年暑假，小咪爸爸同意讓她出國參加夏令營，她媽媽緊張地到學校去問很多問題。她怕小咪要去當小留學生，不回來了呢！」妹妹也很感嘆。

這是真的啊！如果父母沒有保持良好的溝通管道，容易產生誤會或猜疑。有時候涉及到異國婚姻，更會擔心孩子會跟隨著另一方離開臺灣，這種訴訟，其實在家事法庭也常見。新聞媒體上常見的跨國搶人大作戰，其實隱藏著多少的辛酸與困境，雙方各有立場，真的很難判斷誰對誰錯啊！

「如果原本擔任監護的父母一方，有不盡責任的時候怎麼辦？」哥哥問。

咦?你會擔心這個?在我們家,應該是孩子沒有盡責任的話該怎麼辦吧?作業不準時交、上學遲到、應該分擔的家事沒做好、房間不整理、沒有好好幫媽媽捶背按摩解疲勞……

「好好好,我馬上就去收拾房間。」哥哥討饒。

如果離婚後父母之一方未盡保護教養義務責任,有顯然不適任的情況,另一方可以提出「改定監護權」的訴訟,甚至連姓氏都可以一併申請更改呢!

又例如是否要讓孩子出國當小留學生,這種屬於教養的「重大事項」,縱使在婚姻關係存續中,也會有夫妻兩方意見不一致的時候。依照民法規定,也可以聲請由法院來依子女的最佳利益,酌定由一人行使監護權。當然法院在裁判前,一定要聽取孩子本人的意見,以及主管機關或社會福利機構的意見。法條甚至明文規定:要審酌子女的年齡、性別、意願及人格發展之需要,父母的年齡、職業、品行、經濟能力及生活狀況。父母之一方是否有妨礙他方行使權利負擔義務的行為,還有各族群之傳統習俗、文化及價值觀(民法第1055條之1)。

「唉~這種事情鬧到法院,情何以堪?」生性古板保守的爸爸又搖頭嘆息了。

千萬別這麼想啊,有些事情,真的需要公正的第三者介入,才比較可能做一個平衡且理性的判斷。說實在,每個家庭都有不同的故事,家事庭法官也無法在短短的辦案期限內完整地掌握各種斟酌因素，所以除了社工人員及家事調查官的訪視報告之外，還可以囑託警察機關、稅捐機關、金融機構、學校等機關就特定事項調查之結果。為了孩子的未來，動員所有可能的調查以及專業人士的意見，就是希望找出對孩子最有利益的方案，讓孩子順利平安成長。

選擇婚姻是出於成年人的自主判斷，就算要結束也是一樣的。孩子也是家庭的成員，為了孩子的最佳利益，爸爸媽媽都應該用智慧解決這些問題，莫忘初衷，一切出發點，都是為了愛。

媽咪故意瞪了爸爸一眼，「今年的年夜飯，到哪裡吃啊？」

「有妳在的地方，即使吃泡麵，都是最好的團圓年夜飯。」爸爸回答。

只見哥哥妹妹立馬呈現嘔吐狀，全部逃走了。

[ 法官內心話 ]

哥哥：「我的小孩要跟誰姓呢？」

妹妹：「先找到有人願意當你的老婆再說吧！」

家事庭法官，最痛苦的應該是，在擇定監護權訴訟時，必須要問孩子的那一句話：「你要跟爸爸還是媽媽？」

結婚或離婚，都是父母的選擇，但是千萬別讓孩子陷入選擇的難題中。現在的監護權訴訟，當然這不會僅僅憑這麼一句話就做了決定，為了孩子的利益，必須要考量許多因素，社工人員的介入以及多方徵詢，都是希望為這個家庭設計出一個三方都兼顧的對策。

家庭中，不能開口的事情，實在非常多。

剛當法官時，有機會去學校作法治教育演講，第一件事情，就是提醒學生：如果父母過世，要趕快瞭解他們財務狀況，記得要即時辦理拋棄繼承（三個月內）或者限定繼承（二個月內），避免自己承擔不必要的債務。想想真是大不敬，萬一這些學生回家，劈頭就問爸爸媽媽：「ㄟ你們有欠債嗎？今天來演講的法官說，你們最好趕快立遺囑，然後把你們的財產跟我們交代清楚，以免我們要負擔你們的債務。」

如果真的有被這些話驚嚇到的爸爸媽媽，在此向您們獻上歉意，我真的不是故意的。

二〇〇九年之前，我國民法規定的繼承制度，是「概括繼承、無限責任」，雖然有拋棄繼承、限定繼承的選項，但是法治宣導不夠、學校又沒有教，曾經發生過甫做完月子的母親，遭逢喪偶之痛，無暇去辦理拋棄繼承，導致日後孩子要繼承他父親遺留的千萬債務的離譜事件發生。

如果法官只是機械性的適用法條；這樣的悲劇還會不斷地上演，還好，有幾位法官勇敢地停下審判，思索繼承制度的內涵，提出完整的理由聲請大法官釋憲。

還好，立法院於二〇〇九年五月二十一日三讀通過民法繼承編及其施行法條文修正案，將繼承人的繼承債務，改為負「限定責任」，也就是繼承人對於被繼承人之債務，以因繼承所得遺產為限，負清償責任。白話來說，就是如果我只繼承父親一百萬遺產，但是他有兩百萬的債務，那麼「原則上」我就是以繼承的一百萬債務還清為限，負清償責任。

如果家中有些去向不明、不知道在外面闖了多少禍的人，這樣的法定限定繼承制度，讓無辜的繼承人，不必平白無故承受龐大的債務，也可以讓這些沒有居住一起的繼承人，避免錯過期限，來不及辦理拋棄繼承。

但是這樣就夠了嗎？以後都不用去辦理拋棄繼承了，是嗎？

法律規定，最怕就是以訛傳訛，或者是錯誤解讀。

其實，我們最怕的就是「原則上」這幾個字。意思是，「例外的」情況其實常常才是問題所在。

簡單地說：如果確定遺產一定是負的，建議去辦理拋棄繼承，並且通知下一順位繼承人。不確定遺產是正的還是負的，建議去辦理限定繼承，並且要遵循「陳報遺產清冊及清算程序」。（請參考後續的法律Q&A）

千萬不要以為修法過後採取法定限定繼承制度，大家什麼都不用做了。還好，現在公民課本裡，有關繼承的民法規定，教的還真不少。因為要考試，學生就必須去理解，因為考題會出，寫錯就糟了。

**（單選題：106年大學學測社會科）**

3、一夫一妻以及有血緣關係的子女所組成的核心家庭，以往一直被認為是常態的家庭。但是根據臺灣近年的官方統計資料，單親家庭（如父親過世，母親與未婚子女共同生活）、隔代家庭（如祖父母與未婚孫子女共同生活）及無親屬關係的家庭（如男女朋友租屋共同生活）等的家戶組成增長快速。對於臺灣面臨上述的家庭型態轉變，下列敘述何者正確？

（A）隔代家庭數量的成長，反映了臺灣目前的生育率正處於下降的狀態

（B）家庭如果不健全，容易導致子女的偏差行為，政府應積極介入輔導

（C）由家庭型態的轉變可以看出，血緣關係並不是家庭唯一的構成要件

（D）為了避免單親家庭增加，政府應修法讓離婚與未婚生子變得更困難

**答案：C**

**（題組）**某甲婚前生活奢華，積欠夜店逾百萬元債務多年不還，且在欠債時結婚，與妻未依法約定夫妻財產制，婚後共生一子兩女，其中長子經商有成，長女已出嫁，么女未滿二十歲。之後某甲為了躲債離家出走，其妻則經營小吃店維生。

23、有關某甲積欠夜店逾百萬元債務清償問題，下列敘述何者正確？

（A）夜店債主向某甲索討未果，大可基於夫妻關係轉向甲妻請求清償債務

（B）縱某甲出走，夜店債主可以某甲為被告，請求法院裁判某甲清償債務

(C) 夜店債主得以俗稱「父債子還」為由，請求某甲之子女替父清償債務

(D) 夜店債主向某甲索討未果，可至甲妻小吃店取走值錢財物以抵償債務

**答案：B**

24、某甲離家出走不久即遭車禍身亡，有關某甲婚前積欠夜店逾百萬元債務是否仍存在，以及是否該由其家人清償的問題，下列敘述何者正確？

(A) 某甲既已身亡，法律上權利義務主體不存在，積欠夜店債務隨之消滅

(B) 積欠夜店債務由甲妻與長子長女負清償責任，未成年的么女不必負責

(C) 長女既已出嫁，所欠夜店債務不得要求「非屬甲之家人」的長女清償

(D) 甲妻及其子女都是某甲的法定繼承人，皆可依法拋棄繼承，以期免責

**答案：D**

看看，孩子們在學校，早就學到有關繼承的相關規定了。但是，真的落實到生活上，想要提出討論或者安排，還是要注意長輩的心情、風俗倫理以及適宜的時機。既然每個生命都有極限，火車總是會到站，何妨全家一起討論，不再把這件事當成隱諱的禁忌。稅務機關、司法機關的網站都有可查詢的資料，若想要慎重正式地寫下遺囑，也可以請公證人或律師協助。生前把事情講清楚，勝過死後要靠托夢或者觀落陰吧！

[ 法律Q & A ]

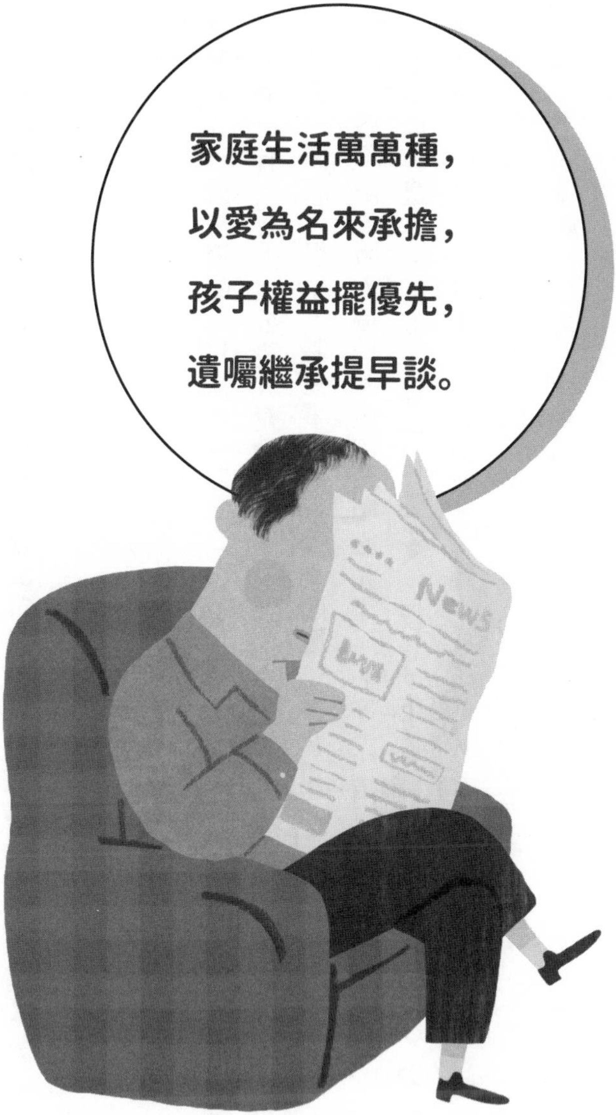
家庭生活萬萬種，
以愛為名來承擔，
孩子權益擺優先，
遺囑繼承提早談。
NEWS

## Q：遺囑到底要怎麼寫呢？常常聽公證人可以認證遺囑，是怎麼回事呢？

A：

（一）立遺囑的方式有五種：一、自書遺囑。二、公證遺囑。三、密封遺囑。四、代筆遺囑。五、口授遺囑（民法第1189-1195條），因為怕自己寫的遺囑不符合法定要件，所以有人會去找公證人幫忙認證。並非所有遺囑都要經過公證人認證才算數，只是多一個認證程序，避免事後繼承人之間發生爭執。

（二）各種請公證人協助認證的遺囑方如下：

（1）自書遺囑：當事人自己書寫全文＋簽名＋年月日，給公證人認證，公證人看到當事人提出來的遺囑並看到他簽名，就完成了。

（2）公證遺囑：公證人從頭到尾幫當事人寫完、製作完成。

（3）密封遺囑：公證人當場看到當事人自己將遺囑密封起來（放進信封，封起來），僅僅公證遺囑封起來這個動作。

（4）代筆遺囑：當事人叫代筆人書寫＋兩個見證人簽名＋遺囑人簽名，全部的人都來公證人前面簽名，讓公證人認證。

（5）口授遺囑：遺囑人因生命危急或其他特殊情形，不能依其他方式為遺囑，例如車禍現場、病危時刻，往往講完後就過世了，很難即時找到公證人到場認證。口授有筆記以及錄音兩種方式，都需要二位見證人在場，並且在三個月內，提交親屬會議認定其真偽（民法第1197條）。如有異議，得聲請法院判定之。

## Q：到底誰是繼承人？家人過世後，誰可以繼承遺產呢？

A：請先確認是否仍有配偶關係存在。以下三代人物登場：甲（過世的人）、甲妻、兒子媳婦加上一內孫、女兒女婿加上一外孫。

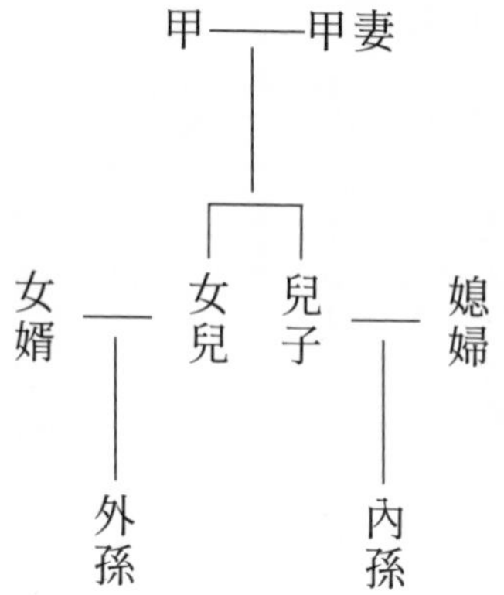

（一）狀況一：甲過世時，已無配偶，遺產繼承人的順位是：直系血親卑親屬↓父母↓兄弟姊妹↓祖父母（民法第1138條）。前順位的人繼承遺產，後順位就沒有繼承權。

（1）版本一：甲過世前，甲妻也走了，則由子、女共同繼承遺產，後順位甲的父母、甲的兄弟姊妹、甲的祖父母就沒辦法繼承；但如果甲沒有生小孩，就沒有第一順位的繼承人，就會由甲的父母取得繼承權；又如果甲的父母已經過世，沒有第二順位的繼承人，才會由第三順位甲的兄弟姊妹繼承甲的遺產。

（2）版本二：白髮送黑髮，甲的子女都比甲還早過世，那就會由甲的孫子女（不論內孫或外孫）共同繼承遺產（民法第1139條）。

（3）版本三：白髮送黑髮，女兒比甲早一年過世，雖然兒子還健在，但為了保障女兒這一家，外孫可以「代位」已經過世的母親取得繼承權（女婿當然沒有繼承權），內孫也沒有直接繼承甲遺產的權利。這是民法第1140條的「代位繼承」。

（二）狀況二：甲過世時，甲妻仍建在。被繼承人的配偶是當然的繼承人，不算在繼承順位裡。也就是不管是由哪一個順位的繼承人取得繼承，配偶都是共同繼承。夫妻若是採法定財產制，首先要處理夫妻剩餘財產分配請求權（民法第1031條之1），再依照下列比例繼承（應繼分的規定，民法第1144條）。

（1）版本一：第一順位的子女繼承甲的遺產，繼承人就是甲妻加上子女三人（1人1／3）。

（2）版本二：若沒有子女，由第二順位的父母繼承甲的遺產，繼承人就包括父母（共同均分1／2）甲妻（1／2）。

（3）版本三：若父母不在，由第三順位的兄弟姐妹（共同均分1／2）與甲妻（1／2）。

（4）版本四：若有白髮送黑髮的事故發生，如同前述的原則。

繼承事件的狀況有很多種，不能一概而論，記得要諮詢正確的法律專業人士喔！

**Q：父親重病期間，趕快將銀行的現金提領出來，避免事後這筆錢還要申報遺產稅，這樣可以嗎？**

A：

（一）如果是為了支付醫藥費、看護費，記得要保留相關單據，證明用途，否則還是要併計入遺產總額內。若被查獲涉有逃漏稅情事者，不只必須補稅，還會遭受處罰。

（二）遺產及贈與稅法施行細則第13條規定，被繼承人死亡前因為重病無法處理事務期間，若有舉債、出售財產或提領存款，繼承人卻未證明其用途者，該項借款、價金或存款，仍應列入被繼承人遺產總額課稅。

## Q、遺產及贈與稅如何節稅？是生前移轉財產好，還是死後繼承好？

A：

（一）節稅與逃稅，一字之差，天壤之別。還記得《明天過後》電影中，在圖書館內躲避寒流，要燒書本來取暖，大家毫不猶豫先丟入火堆中的就是「稅法」嗎？稅法千千條，國家課稅，人民想盡辦法可以少被剝一層皮，在合法的範圍內，節稅是高明的手段喔！

（二）財政部稅務入口網站，就有節稅宣導手冊，簡單明白地用舉例方式分析各種節稅手段，例如：某君辛苦多年，賺得土地一筆（取得當時公告現值總計八十萬元）、房屋一棟及銀行存款五十萬元，其有配偶及一子一女，某君擔心死後會被課徵遺產稅，將該土地及房屋贈與其子（贈與當時土地公告現值總計五百萬元、房屋評定現值八十萬元），應繳多少贈與稅？有無相關稅賦？若留待以後由其子繼承，需繳多少遺產稅？

（三）看起來很複雜的問題，是嗎？其實在網站上有詳細地分析並說明，有空滑手機，不如上網研究一下節稅的方法吧！https://www.etax.nat.gov.tw/etwmain/web/ETW118W/VIEW/405。

## Q：長輩過世了是否真的會債留子孫呢？父債一定要子還嗎？

A：

（一）常有人說：「負債大於遺產，天知地知，銀行知，地下錢莊知，就只有繼承人不知。」

（二）經過數次修法後，目前的我國民法第1148條是採全面的「概括繼承、有限責任」。「概括繼承」是指繼承人繼承遺產時，全面的繼承「積極財產」（正值的資產）和「消極財產」（負值的負債）。簡單地講，不能說：我只要繼承成某特定部分的遺產，其他部分就不要繼承。「有限責任」則是，如果被繼承人過世時資產大於負債，繼承人當然繼承遺產；但若負債大於資產，繼承人要償還的數額就以資產為限，「原則上」，剩下沒還完的部分就不須要再清償。

（三）例如被繼承人過世時剩下四十萬的資產和一百萬的負債，但繼承人只要還四十萬給債權人、剩下的六十萬「原則上」可以不用還。前提是：繼承人有依規定去開具遺產清冊陳報法院。

（四）重要結論：繼承人是不須要用自己的財產去清償被繼承人的債務的。但是為了防免債權人在被繼承人過世後幾年突然跑出來要求繼承人還錢，建議去辦理拋棄繼承或陳報遺產清冊。

（請查閱民法第 1162-1 條第 1 項、民法第 1162-2 條第 1、2 項。）

### Q：大家常聽到的拋棄繼承是什麼意思呢？如何辦理呢？

A：

（一）所謂的「拋棄繼承」，是完全的放棄繼承權，包括被繼承人的資產和負債，往往是為了徹底免除之後會被債權人追償的可能。拋棄繼承必須在知悉取得繼承權三個月內辦理（知悉取得繼承權和知悉被繼承人過世未必會是同時喔，例如第二順位的繼承人知悉被繼承人過世時，還沒有繼承權，一旦收到通知得知第一順位的繼承人辦理拋棄繼承了，才是「知悉取得繼承權」、開始起算三個月）。

（二）拋棄繼承要向被繼承人生前戶籍地的法院辦理。應將以下的文件送到法院：

（1）拋棄繼承聲請狀（可以在司法院的網站上下載：http://www.judicial.gov.tw/assist/assist03/assist03-02.asp，並且拋棄繼承的聲請人應該在聲請書最後一頁簽名、蓋上印鑑章；一份聲請狀可以兩位以上聲請人一起辦理；如果聲請人包括未成年人，應該由未成年人的法定代理人簽名。）

（2）繼承系統表（可在司法院網站下載，向法院說明被繼承人有哪些繼承人。）

（3）戶籍謄本（向戶政事務所申請，包括被繼承人的除戶謄本、繼承人的戶籍謄本。）

（4）印鑑證明（須本人帶印章到戶政事務所辦理，確定拋棄繼承是本人的意願。）

（5）通知證明（拋棄繼承的聲請人要向其他繼承人或下一順位的繼承人告知

自己已經辦理拋棄繼承了，可以透過讓其他繼承人簽名、或寄發存證信函的方式辦理。）

（6）對未成年人有利證明（因為拋棄繼承是權利的放棄，所以法定代理人應該特別向法院說明拋棄繼承是對未成年人有利的，可以透過提供被繼承人的財產清冊或是另外撰寫切結書的方式處理。）

（7）聲請費用一千元

## Q：如何陳報遺產清冊呢？

（一）「陳報遺產清冊」是在被繼承人過世後，向法院提供被繼承人的財產清冊，讓債權人可以知道被繼承人還有多少資產和負債，並向繼承人主張權利。

（二）陳報遺產清冊要向被繼承人「生前戶籍地的法院」辦理。應將以下的文件送到法院：

（1）陳報遺產清冊聲請狀（可以在司法院的網站上下載：http://www.judicial.gov.tw/assist/assist03/assist03-02.asp，並且聲請人應該在聲請

書最後一頁簽名、蓋上印鑑章。）

（2）繼承系統表（可在司法院網站下載，向法院說明被繼承人有哪些繼承人。）

（3）戶籍謄本（向戶政事務所申請，包括被繼承人的除戶謄本、繼承人的戶籍謄本。）

（4）聲請人的印鑑證明（須本人帶印章到戶政事務所辦理）

（5）財產清冊（向國稅局申請）

（6）聲請費用一千元

（三）聲請人送出聲請狀後，法院會做出裁定並要求聲請人登報，法律用語是「公示催告」，昭告天下要求被繼承人的債權人應該在六個月內向聲請人主張債權，以便繼承人按比例償還。如果債權人沒有在六個月內來主張權利，就只能就分配後剩餘的財產做清償。

（四）拋棄繼承和陳報遺產清冊都不能事先辦理喔！所以被繼承人尚未過世，或是前順位的人還沒拋棄繼承，都沒辦法辦理。

有關繼承以及稅務的問題，可以參考：

司法院 https://www.judicial.gov.tw/tw/mp-1.html

財政部稅務入口網 https://www.etax.nat.gov.tw/etwmain/

# 跋／
# 那些未說完的故事

翻完最後一頁，《章魚法官來說法》書本草稿在我手中，竟然如此沉重。

好像還有很多話還沒講，還有許多法律癥結問題想要再解釋清楚一點，還可以再推衍出更多的思辯問題，如何解決的步驟還可以仔細說明……

但，這不是一千零一夜的故事。

沒有結局的故事，最令人揪心。但不斷發生新情節的故事，又該如何寫下終章呢？

生活中的法律事件，時時刻刻在身邊發生。

寫專欄文章這幾年，我的生活一樣忙碌，在法庭上、在校園裡、翻開報紙、聽見新聞，每一個事件都觸動著我，衡量著該如何將這些思緒寫入文章內，深怕自己切入的角度不夠深刻，更怕缺乏趣味淪於說教。

該寫多還是寫少？點到為止還是繼續探討？如何把一個概念用簡單的文字表達？沒有正確答案的問題，又該如何點燃讀者心中的火種繼續燃燒？

每一篇寫完之後，許多成就感是來自讀者的回饋，讓我更有動力再繼續。說的都是生活瑣事，連結的也僅是淺顯的法學常識，讀者卻能瞭解這些文字蘊含著深沉的人性尊嚴探討，公權力與人民自由的界線，還有公平與正義的真相。原來，法律不外乎人性，這體驗真真確確來自每一個人的心中。

願竭盡一己之力，回饋所學於公益，以慈悲觀看世情，求智慧解決難題。

還有很多故事，我會繼續說下去。

# 章魚法官心內話，張瑜鳳的法律家庭劇

章魚法官，沒有時間。

剛開完庭，她從法官通道回到辦公室，爬了四層樓，腳步奇快。才離開辦公室一會兒，又有一堆卷宗送來。手上平均 150 件案子，她說這是水庫，有進有出，要保持平衡。

張瑜鳳是台北地方法院行政庭法官，法官資歷25年。台大法律系的學長說她聰明精靈，像金庸筆下的黃蓉；擔任律師的先生說她是非典型法官、另類作家；她也是一對高中兒女眼中有愛有夢又愛哭的老媽。沒時間的張瑜鳳，竟也在報紙副刊寫了三年專欄，集結成《章魚法官來說法》。

## 右手寫判決，左手寫專欄

當時，張瑜鳳被好友劉昭儀推坑，兩人合寫了一篇談校園法治的文章。她說接到邀請時又驚又喜，「終於來了！終於有人知道我可以寫什麼！」後來因緣際會，開始撰寫專欄，一個月一篇，她認真寫了三年。

律師爸爸、法官媽媽，和孩子在餐桌上聊生活、聊法律，兒女的學校生活、一家子的大小事都是張瑜鳳的寫作素材。前陣子兒子的腳踏車被拖吊，張瑜鳳說：「很好，你總算有違法的經驗了，我下次就來寫這一篇。」她感謝家人犧牲形象，尤其是最常被吐槽的先生。

張瑜鳳寫作不缺靈感，她缺的是時間。每篇文章都是她上下班邊開車邊構思，那段時間是她僅有的 Me Time。「寫到後來，它變成我很重要的犒賞。寫判決書寫到很累很煩的時候，我就告訴自己，沒關係，趕快寫完，就可以來寫這篇文章了。」她愛讀也愛寫，尤其遇到值得紀念的案子，或者那些放不下的當事人，她都會記下來，「以後寫小說要用」。

在法庭上，張瑜鳳必須給出答案；寫專欄，她留下開放式結局。她只希望讀者知道，法律看似嚴肅高遠，其實終究不離生活，「不要覺得法律都是規定什麼事情不能做，如果違反了就要關幾年，不是這樣的。法律是一套尚稱完善的遊戲規則，有時候也是在兩個人的利益中，找到一個大家都可以接受的方式。」

## 判決書背後，法官的心內話

念法律之前，張瑜鳳立志念新聞，嚮往發掘真相。後來考上台大法律系，讀出興味，繼續攻讀研究所，看到教授的身教，她感覺就是要這樣一心專注才能找到法律的真精神。本來想去德國留學，又不想談遠距離戀愛，剛好考上法官，她原本想受訓後待滿五年，不賠錢就離開，沒想到走入家庭，法官一當就是25年。

當年，她是年輕的女法官，會刻意在法庭樹立威嚴，「開庭會生氣，會想跟當事人爭論，覺得正義之聲要趕快發出來，現在修養變得非常好，當事人講得天花亂墜都沒關係。」現在當事人講的再荒謬，張瑜鳳也不急著拆穿，「因為我靠證據。每個人都有替自己辯護的權利，但法律賦予我做決定的權利，最後我一定會給你一個答案。現在我不會生氣，不會跟當事人吵，在法庭上建立威嚴不是靠大聲，不是靠兇，我從很早就知道。」

待過刑事庭，貪汙、殺人放火都辦過，也判過死刑，張瑜鳳說：「刑事庭做了兩年，我就知道那不是我待的地方，個性不適合。」後來到民事庭、家事庭，這幾年專辦行政訴訟，掌握人民權益與國家行政權的天秤，也因為這樣，報紙上的大小新聞，她常心有所感。

「我後來覺得法律和政策形成其實有很大的關係，可是這一塊常被忽略掉。環境影響評估做完了，開發者與原住民兩方僵持不下，總有一方會告進法院，法官這時候必須做出裁決，但這種案件不像拿刀殺人，罪證確鑿就判得下去。有一陣子我會覺得，我不想當這種裁決者，我想當沒有限制的小說家。」

## 每次開庭都是人生走馬燈

張瑜鳳說起多年前的案子，三次酒駕的男子，苦苦哀求她不要吊銷駕照，「他每天照顧失智的母親，小孩重度殘障，晚上喝提神飲料，心情不好，加了點米酒，以為第二天就沒有酒氣，結果又被抓到，這時候要怎麼辦？」張瑜鳳嘆了一口氣。

「某種程度這種案子最好判，因為法律就是這樣規定，但我能做什麼？」她在庭上問當事人，有沒有去申請補助？家裡還有誰可以幫忙照顧？那種無能為力讓她很難過，這樣的案子時常來到她面前，「有段時間我覺得夠了，我寧可去小說裡給這個人一個機會。」

實事求是與自由創作，是光譜的兩端，張瑜鳳嚮往那迷人的反差。「我想去逼視人性灰色的空間。我不覺得人是絕對惡或絕對善，大家都在那個灰色空間求生存，而法官是常常看到這個灰色空間的人。偶開天眼覷紅塵，可憐身是眼中人，就是那種感覺。其實我也和當事人一樣，如果我在那樣的情形，其實我沒有把握比他高明。」審了25年，張瑜鳳說她不再看當事人的表面，「很多人犯罪，是因為寂寞，很多人濫訴，只是想找個人來怪罪。」

她在書中寫了一篇〈意外的爸爸〉，當事人的父親，在他小時候就離家出走，母親一手拉拔三個孩子，四處租屋，當事人靠著學貸、打工，終於成家立業買了房子。有一天社會局通知他去領遺體，「他說他從來沒看過爸爸，突然被通知去認屍，打開一看，他想說這誰啊？他一滴眼淚都沒有。」

原來，當事人的父親最後三年是在安養中心度過，社會局多次發函到戶籍地要求他們付清安養費用，因為「父母子女互負扶養義務」。直到房子被查封，當事人才來打訴訟，在庭上哽咽落淚。「這個過程中，其實有一些程序可以避免走到這一步。辦理戶籍遷移、離婚訴訟、撤銷扶養訴訟、在執行階段提出異議，每一個階段都有轉圜的餘地，可是他通通錯過了，等到無法挽回才來打訴訟。是他故意的嗎？不是啊！他很努力工作，好不容易可以給媽媽過好日子！」

法律無能為力的時候，張瑜鳳生氣又無奈，但她不知道該怪誰？是當事人沒得選擇嗎？還是政策宣導不足？或是國家資源不夠？「我會覺得有點無力感，那怎麼辦呢？就回來做我可以做的事，案件繼續審理，也看看下一代有沒有機會。」

尤其成為母親後，她覺得法治教育太重要，「當孩子面對人生困境，必須選擇做一件他們不得不做，甚至可能走歪路的時候，趕快有一個聲音拉他一把。我寧可他心中早就有一個有形無形的東西，讓他想到，這樣好像真的不是解決問題的方法。」

## 幽默斜槓　推廣法律普及

張瑜鳳感性熱情，但穿上法袍，她就是手持天秤的正義女神。她經辦過的卷宗，已經不是堆積如山可以形容，除了落落長的判決書，還有起訴狀、答辯狀、言詞辯論筆錄，隨手拿起一疊厚厚的資料，這還只是「小」案件。正義女神的工作，其實是高度密集的文字作業。

新書出版，張瑜鳳很低調，反倒是她法律界的友人熱情宣傳。寫專欄，給了張瑜鳳自由創作的空間，但她自己畫下一條線，絕不越界。不寫審理中的案子，不針對特定議題發表立場，她甘願承受「法官」二字賦予的責任與束縛。從寫專欄到出書，張瑜鳳看似衝撞「法官不語」的傳統，她甚至在專欄寫過一篇〈不一樣的侏羅紀公園〉，帶著孩子開箱法院。

「也有人覺得怎麼能把法院說成侏儸紀公園？居然把自己畫成章魚，當卡通人物？但我覺得這種想法會越來越受到挑戰，時代不一樣了，我們不能再故作神祕，關起門假裝聽不到，外面已經不是這樣看。」既然民眾主動親近法律的門檻這麼高，不如自己走出去吧，「或許讓大家覺得法官也是人，是打破法官不語的第一步。」

太多故事想寫，張瑜鳳嚷著要退休。有時她會想，同樣的時間，在專欄能寫一篇兩千字的文章，而且人人看得懂；判決書寫兩萬字，結果被罵恐龍法官？「我真的越來越有這樣的感觸，想說人生難得，如果只有這麼一段時間，我要寫哪一個？」

## 人生下半場，中年女子要自由

張瑜鳳說，她小時候曾下定決心以後要有一份安定的工作，「可是後來發現我根本不安定，我很喜歡冒險」，愛冒險的少女，怎知會一腳踏進公門與婚姻。

還是新手媽媽時，張瑜鳳忙了一天，堅持要陪兒子睡前讀繪本，兒子聽得好開心：「媽媽，再一本！」終於有一天，張瑜鳳摔書大怒：「我也要有我自己的人生！」高三的兒子到現在還記得這一幕，「要怎麼跟小孩解釋？我也會有情緒不好的時候。」

她曾經拿這件事向前輩女法官訴苦，前輩告訴她：「不要太愛你自己。」家庭與工作的天秤，沒有法條當參考，但隨著孩子成長，張瑜鳳當起晨光媽媽、參加家長會，她發現自己真的很愛小孩，也才有機會了解教育體制。「小孩在成長，我也在成長。小孩面對的世界其實滿好玩的，後來我就很感激，心悅誠服，再也不會覺得小孩霸占我的人生，我覺得是他們給我一個不同的人生面向。」

現在，換後輩來問她，怎麼做到身兼多職？張瑜鳳說：「我覺得非常非常困難，我到現在都還沒有辦法回答。」週末時，張瑜鳳常在內心抉擇，今天要扮演哪個角色？女兒、妻子，還是母親？雖然常常最後還是走進辦公室，研究下週要開庭的卷宗。走過這段路，她現在比較能體會前輩說的，不要太愛自己，「女性都有一段

身不由己的時候，熬過去，自由就會是你的。」

張瑜鳳的辦公室掛著一幅「過動中年」，雖然她還在衝刺，但心境大不同。她現在會說，對自己好一點，何必齊家治國一肩雙挑？孩子大了，她也在調整自己的家庭角色，「如果我還像以前一樣，覺得自己花這麼多時間都是為了家人，那就是我的錯。現在我可以回來愛自己，多美好！中年女子的自由就是從現在開始。真的！我要好好享受！」

何時退休，張瑜鳳曾陷入長考，她問自己：「我要不要自由？」想像退休生活，她可以說出一堆想做的事，陪伴家人、爬山種花、繼續在大學教書，讓時間慢下來，讓自己重新開機。有人鼓勵她編劇、做Podcast，她還想寫犯罪小說、寫法官日記，如果那一天到來，她終於可以名正言順的不務正業。

到時候，或許她可以完成那個浪漫的夢：開著車子，走遍台灣鄉鎮，用最淺顯的文字話語聊法律，讓大家懂得用法律保護自己，不再以恐龍誤解法律人。先生孩子都支持她，「老公說油錢他出，因為他知道老婆擋不住；兒子也說，哪裡快樂，你就去哪裡。」

沒有時間的章魚法官，好想潛進文字的海，自由自在。

本文作者／黃詩茹　攝影／汪正翔　原文出處／非常木蘭

國家圖書館出版品預行編目(CIP)資料
章魚法官來說／張瑜鳳著. -- 初版. -- 臺北市：麥田出版，城邦文化事業股份有限公司出版：英屬蓋曼群島商家庭傳媒股份有限公司城邦分公司發行，2021.03　面；　公分. --（人文；19）
ISBN 978-986-344-864-8(平裝)
1. 法律教育 2. 親職教育
580.3　　109020540

人文 19

# 章魚法官來說法

法律原來可以這麼容易懂！
法官媽媽＋律師爸爸給孩子的 33 堂實用法學素養課

作　　者　張瑜鳳
責任編輯　林秀梅
版　　權　吳玲緯
行　　銷　蘇莞婷　何維民　吳宇軒　陳欣岑
業　　務　李再星　陳紫晴　陳美燕　葉晉源
副總編輯　林秀梅
編輯總監　劉麗真
總 經 理　陳逸瑛
發 行 人　凃玉雲
出　　版　麥田出版
104 台北市民生東路二段 141 號 5 樓
電話：(886)2-2500-7696　傳真：(886)2-2500-1967
發　　行　英屬蓋曼群島商家庭傳媒股份有限公司城邦分公司
104 台北市民生東路二段 141 號 11 樓
書虫客服服務專線：(886)2-2500-7718、2500-7719
24 小時傳真服務：(886)2-2500-1990、2500-1991
服務時間：週一至週五 09:30-12:00・13:30-17:00
郵撥帳號：19863813　戶名：書虫股份有限公司
讀者服務信箱 E-mail：service@readingclub.com.tw
麥田部落格：http://ryefield.pixnet.net/blog
麥田出版 Facebook：https://www.facebook.com/RyeField.Cite/
香港發行所／城邦（香港）出版集團有限公司
香港灣仔駱克道 193 號東超商業中心 1 樓
電話：(852) 2508-6231　傳真：(852) 2578-9337
馬新發行所／城邦（馬新）出版集團【Cite(M) Sdn. Bhd.】
41-3, Jalan Radin Anum, Bandar Baru Sri Petaling,
57000 Kuala Lumpur, Malaysia.
電話：(603)9056-3833
傳真：(603)9057-6622
E-mail：cite@cite.com.my
印　　刷　沐春行銷創意有限公司
設　　計　Jupee
繪　　圖　陳佳蕙
2021 年 3 月 2 日　初版一刷
2023 年 11 月 14 日　初版十刷

定價／360 元
ISBN 978-986-344-864-8